U0926110

夏志清 编注

张爱玲给我的信件

天津出版传媒集团
天津人民出版社

图书在版编目（CIP）数据

张爱玲给我的信件 / 夏志清编注 . -- 天津 : 天津人民出版社 , 2020.5
ISBN 978-7-201-15753-5

Ⅰ . ①张… Ⅱ . ①夏… Ⅲ . ①张爱玲（1920 ~ 1995）- 书信集 Ⅳ . ① K825.6

中国版本图书馆 CIP 数据核字 (2020) 第 020273 号

张爱玲给我的信件
ZHANG AILING GEI WO DE XINJIAN
夏志清 编注

出　　版　天津人民出版社
出 版 人　刘　庆
地　　址　天津市和平区西康路 35 号康岳大厦
邮政编码　300051
邮购电话　（022）23332469
网　　址　http://www.tjrmcbs.com
电子信箱　reader@tjrmcbs.com

责任编辑　张素梅
封面设计　吴黛君

制版印刷　大厂回族自治县德诚印务有限公司
经　　销　新华书店
开　　本　620 × 889 毫米　1/32
印　　张　12.25
字　　数　120 千字
版次印次　2020 年 5 月第 1 版　2020 年 5 月第 1 次印刷
定　　价　69.00 元

新版序

夏志清编注《张爱玲给我的信件》

陈子善

每当我翻读这部厚实的“夏志清编注”《张爱玲给我的信件》，脑海中总会浮现十九年前即二〇〇一年八月十二日我在纽约拜访夏先生的情景。这是我第二次与夏先生见面，第一次是二〇〇〇年八月在香港岭南大学举办的张爱玲国际学术研讨会上。

那天下午在夏先生寓所书房里喝茶畅谈，在座还有另一位与张爱玲有密切交往和很多通信的庄信正先生。夏先生向我出示了张爱玲致他信札中的一部分，我小心翼翼地摩挲翻阅这些书于轻薄的“白色洋葱皮纸”（onionskin）上的张爱玲亲笔手札。我知道这些张爱玲信札夏先生已整理了一部分在台北《联合文学》

上连载过，因此，我斗胆建议夏先生将之全部整理编注，出版单行本。夏先生答曰：我也正有此意，但现正忙于《中国古典小说》中译本的校订，此事只能以后再说。

时光飞逝，十年之后，夏先生终于完成了这项于“张学”研究极有意义的工作。二〇一三年三月，台北联合文学出版社出版了“夏志清编注”的《张爱玲给我的信件》。三个月后，我收到了夏先生的赠书，扉页上有他的亲笔题签：

爱玲给我的信

亲赠子善弟妹

志清 2013 六月六日，N Y C

书是送给我和我太太的，落款还钤有“志清”阳文名印。这是夏志清先生亲笔题签送给我的最后一本书，于我而言，弥足珍贵。

在《张爱玲给我的信件》单行本问世之前，我已应台北《联合文学》编辑部之邀，撰写了一篇题为《“张学”研究的一件大事》的书评，对张爱玲这些信札的价值略作论述。此文刊于二〇一三年二月《联合文学》总三四〇期，我在七年后的今天重读，自以为还没有过时，故特转录于此，供读者研读此书时参考。

一九九七年四月，当张爱玲致夏志清先生的信札开始在台北《联合文学》上连载时，我就意识到这是张爱玲史料的一次极具意义的发掘，是“张学”研究史上的一件大事。

研究一位已经去世的作家，除了必须面对他生前公开发表的作品，还应关注他出于各种原因未及问世的手稿。各类手稿，哪怕是未完成的手稿的发现，都有可能支持、改变乃至颠覆原来对该位作家的评价。而书信和日记，是应该把它们包括在广义的手稿范畴之中来理解的，因为它们是特别意义上的一种创作。正如我一再引用的鲁迅的一段话所指出的：“从作家的日记或尺牍上，往往能得到比看他的作品更其明晰的意见，也就是他自己的简洁的注释。”[1]

具体到张爱玲，迄今所知她没有日记存世，而她的前期信札绝大部分早已散失，那么她后期写给包括夏先生在内的友人们的大量信札，就显得尤为重要和珍贵了。

按照夏先生的回忆，张爱玲一九六一年三月收到他寄去的《中国现代小说史》初版本以后，就开始与之通信。尽管最初的通信未能保存下来，但张爱玲自一九六一年至一九九四年整整三十二年间致夏先生的总共一一八通信札，这次能够得以完

[1] 鲁迅：《孔另境编〈当代文人尺牍钞〉序》，《鲁迅全集》第六卷，北京：人民文学出版社，二〇〇五年，第四二九页。

整地成书问世，确是极为难得的。[1]但就数量而言，也已高居现存张爱玲后期信札的第二位，仅次于张爱玲致宋淇夫妇的信札。

张爱玲致夏先生这么一大批信札，谈创作，谈翻译，谈出版，谈读书，谈生活，谈友情，时间跨度如此之大，涉及面如此之广，内容如此之丰富，夏先生的“按语”又如此之详细，因而，可供进一步研究的线索是如此之多，均非三言两语所能概括。

从发表《怨女》到改写《十八春》，从自译《金锁记》到“改译”《浪淘沙》，从翻译《海上花》到“考证”《红楼梦》，从创作《小团圆》到“搁开”《同学少年都不贱》，还有自评《创世纪》《浮花浪蕊》等作品，张爱玲在信中不断向夏先生通报，与夏先生切磋，甚至反复再三，甚至具体到字、词、句的探讨。这些信札对研究张爱玲后期创作历程，无不都是极可宝贵的第一手资料。对《小团圆》这部张爱玲身后才公开的长篇小说，她在一九七五年七月十九日、一九七六年三月十五日、四月四日、七月二十八日、一九七七年六月二十九日等致夏先生的信中就一再提及写作进度和写作中所遇到的困难，尤其值得注意。除了与宋淇夫妇讨论《小团圆》，张爱玲当时只有在给夏先生的信中才如

[1] 一九九七年四月至一九九八年八月，台北《联合文学》总一五〇期至一六六期连载（中有间断）张爱玲致夏志清信札共一〇〇通，二〇〇二年七月《联合文学》总二一三期又发表三通，二〇一三年二月《联合文学》总三四〇期再发表六通，《张爱玲给我的信件》结集成书共收一一八通，九通是首次在书中发表。

此坦陈自己对于《小团圆》的想法。

对张爱玲后期的真实的生活状况，研究者一直所知甚少，张爱玲致夏先生这批信札中也有大量具体生动的反映。张爱玲一九六九年七月到美国加州大学中国研究中心工作，后来与主其事的陈世骧产生龃龉，她在一九七一年六月十日致夏先生的长信中对此作了说明，这也是目前所能见到的张爱玲针对此事最为详细的自我辩解。难怪夏先生在"按语"中要特别强调："这封长信是爱玲两年间在加大中国研究中心的工作报告，也可说是她在美国奋斗了十六年，遭受了一个最大打击的报告。"

尽管张爱玲致夏先生的这批信札是友朋间的交流，有话则长，无话则短，亲切随意，但仍时有神来之笔。张爱玲一九六八年七月一日致夏先生信中有段话就很有意思，她说："我一直喜欢张恨水，除了济安没听见人说好，此外只有毛泽东赞他的细节观察认真，如船，篮子。"确实，无论前期还是后期，无论私下还是公开，张爱玲始终对张恨水保持好感。早在一九四四年三月十六日在上海女作家聚谈会上，她谈到自己读什么书时就公开表示："读 S. Mangham， A. Huxley 的小说，近代的西洋戏剧，唐诗，小报，张恨水。"[1]二十世纪五〇年代初，她在香港又对宋庰文美说："喜欢看张恨水的书，因为不高不

[1] 《女作家聚谈会》，上海《杂志》，一九四四年四月第十三卷第一期。

低。”[1]这次至少是第三次对不同的对象表态了。所以夏先生在“按语”中说：“真正喜欢张恨水的读者，要数她自己，先兄济安和毛泽东三人，这句话想是实情如此，但也富有幽默感。”

我以为，“张学”研究这些年来的进展有目共睹，然而不如人意处仍然甚多，重要原因之一就是“张学”研究文献保障体系尚未完善。张爱玲致夏志清先生这批信札的整理、注释和出版，正是为充实“张学”研究文献保障体系作出了重大贡献。随着时间的推移，其史料价值和研究价值将会进一步显现出来。

夏先生编注的《张爱玲给我的信件》台湾繁体字本一经推出，立即大受欢迎。二〇一三年三月一个月内，就重印了五次，夏先生送我的这部就已是“初版五刷”了。二〇一四年七月，《张爱玲给我的信件》由长江文艺出版社出版大陆版简体字本。从此以后，凡从事张爱玲研究的，都会认真阅读这部书，因为这是对研究张爱玲到美国后的生活、交往、创作和翻译不可或缺的极为重要的参考资料，意义是多方面的。

今年是张爱玲诞辰一百周年。书比人长寿，我一直认为，对一位杰出作家的最好的纪念，莫过于重印和推介其著作，书信理所当然也包括在内。因此，由北京新华先锋策划、天津人民出版

[1] 张爱玲、宋淇、宋邝文美：《张爱玲私语录》，北京：北京十月文艺出版社，二〇一一年，第六十页。

社出版、夏先生编注的此书“张爱玲诞辰100周年纪念版”，可谓正逢其时，值得大大称道。这个新的纪念版，对原有的繁体字本和简体字本均有校勘和订正，编校质量更上层楼。夏先生如泉下有知，也当颔首称善。

有必要再次强调的是，不仅张爱玲致夏先生的这么多信札，夏先生对这些信札所作的长短“按语”，也十分重要。许多“按语”或交代张爱玲这些信札的写作背景，或披露鲜为人知的文坛故实，或提供进一步研究的线索，有的本身就是一篇出色的小评论，同样值得读者反复品味。

期待“夏志清编注”的《张爱玲给我的信件》“张爱玲诞辰100周年纪念版”的问世，将会对“张学”研究的深入作出新的推动。

二〇二〇年四月三十日于海上梅川书舍

张爱玲

给我的信件

自　序

张爱玲给我的信件

夏志清

一九九五年九月八日在电话上听到张爱玲去世的消息后，不出两三天即为《中国时报·人间副刊》赶写了一篇文章《超人才华，绝世凄凉：悼张爱玲》，主要参考资料即是一九七〇年以来她所寄我的信件，现成放在我书房的公文柜内，抽阅很方便。但张爱玲至迟在一九六一年三月收到我寄她的英文初版《中国现代小说史》后，即该同我通信了。某一天我查看原先专存先父、先兄家信的四只长盒，无意中发现其中一只早已改放了几个文学界重要朋友的信件，张爱玲大部分六〇年代的信件也在内，可惜没有一九六三年以前的信，可能因搬家被我丢弃。我自一九六二年六月，从匹兹堡迁居纽约以来，虽搬了两次家，一次从六楼搬到二楼，另一次从一一五街搬到一一三街，所有的书信文件都未遗失。一九六三年以来张爱玲所有给我的信件都可以按年月有系统地排列起来了。

爱玲来信大部分找到之后，我当然也想起了三十多年来我自己给她更多的信。她经常在信上抱怨搬家遗失东西之苦，因之初在《对照记》上看到了“三搬当一烧”这句名言，我对自己的信件究竟保存了几封更不敢乐观。但人已不在，连我给她的信也觉得很珍贵，于是一九九六年秋我给了宋淇夫人邝文美一封信，问候二位的健康，顺便也问及爱玲遗物里有无我信札之事。文美嫂体弱，不写回信自在我意料之中。十二月四日我先后从蔡思果、高克毅二兄那里听到了悌芬兄去世的消息，除了在年卡上向文美嫂致唁以外，更不敢去惊动她。但隔不久我即收到《联合文学》总编初安民先生约稿的信，无论如何要在三月份这期书信专号上见到张爱玲给我的信。我想假如《联文》读者看到的，不只是爱玲的书信，而是我同她的信札来往（correspondence），岂不是更有价值，读起来也更有味道？因此在文美嫂最哀痛忙碌的期间，我不得不再去信麻烦她，并托克毅兄在电话上为我说项。终于在正月三十日星期四下午，我收到了文美嫂的航空快信和我的旧信十六封。星期五下午，她还来电话问我有无收到了信件。星期六又收到了她一封“扶病作覆”的航空快信。文美嫂如此赤心待我，无以为报，只有好好写篇悼念悌芬兄的文章给她看看，也留给世人做参考。遗憾的是，这篇悼文至今尚未写出，文美嫂亦已作古。

在收到自己旧信之前，我已尽了一番努力，把所有爱玲寄给我的明信片、贺年卡和信札，凭其日期先后排出一个次序来。爱玲长圆形的字迹，个个端庄，认清不难。但她有个坏习惯，即在信末只写下某月某日而不记其年份。我自己也不好，多少年来书房里只有一座四只抽屉的公文柜，供保存信札之用。但六〇年代以后，朋友的信札与年俱增而公文柜容量不变，只好把旧信从个别档案里抽出，放在大信封内，另作处置。同时我也只好丢掉好多信封以便容纳新信。这对写明年月日的信件，没有关系，但我把爱玲的信封丢了一小半，实在是自添麻烦。有好几封信，要做了好几种周密的考虑后，才能决定其年份。有时难免出错，我曾把信件编号一〇二误作七十一先登在《联文》第一六三期。在《联文》第二一三期才更正，故连载时此信登过两次。

张爱玲的信大半写在洋葱纸(onion paper)上，隔了多少年，洁白如旧，折缝的地方也不会破裂。有些信则写在以纸浆（pulp）为主要成分的劣纸上，色泽早已转黄，折缝处黄色更深，且容易破裂。有大志的读者，最好从小养成用洋葱纸或其他高级纸张写信的习惯。说不定自己真会成了大名，连早年写的信件也有可能流传后世的。

开始连载《张爱玲给我的信件》时，我只有一〇六封，后来又找到了十五封，连同以前少算的一封，该有一二二封。这是我在《联文》第一五五期《张爱玲给我的信件（五）》的统计。南加大（University of Southern California）图书馆收藏张爱玲的手稿信件，由浦丽琳女士经手，我二〇〇五年将张爱玲的信，连同我的信十六封半，出让给南加大。当时只觉得她的信应该由大学图书馆保存，没有想到不能借出，供读者观赏。影印时，少了四封。我曾把信一〇二算了两次，把给庄信正的信误作是给我的，其余两封，即不知去向了。一九六三～一九六九年计四十六封；一九七〇～一九七九年计四十九封；一九八〇～一九八九年计十七封；一九九〇～一九九四年计六封，共一百一十八封。自八〇年代起，她给我的信越来越少，一九八四年底到一九八八年四月竟三年无信。看了她一九八八年四月六日的信，才知她这些年为搬家、看牙齿疲于奔命，“剩下的时间，只够吃睡，才有收信不拆看的荒唐行径”。她身体每况愈下。重读这些信令人心酸。

张爱玲为了生活不得不做她不喜欢的事，教书、做研究非其所长。她不与人接触，只能写她熟悉的事，她改写《怨女》《半生缘》都是说的老上海，揭露中国人的丑陋，不合美国人的胃口，得不到出版商的青睐。除了皇冠的稿费没有固定的收入，耽误了看好医生，将皮肤痒当作跳蚤侵蚀，屡次搬家，影响了她的创作力。真为她惋惜。

这一百一十八封信按时间排列，按发信的地址分成六组：

一、华盛顿，一九六三年五月～一九六六年九月；

二、俄亥俄州牛津，一九六六年十月～一九六七年三月；

三、曼哈顿，一九六七年四月～六月；

四、麻州康桥，一九六七年六月～一九六九年六月；

五、加州柏克莱，一九六九年七月～一九七二年十月；

六、洛杉矶，一九七二年十月～一九九四年五月。

这一百一十八封信，包括明信片及圣诞卡。都是由上而下，由右至左直书。除了第三封信称我为“夏先生”外皆称我“志清”，下款署名“爱玲”，偶尔用“E.”或“Eileen”。第一行，空一两个字，行文不分段。

张爱玲的信件原文照抄，措辞、笔误，均不加改动。信末括号内的年份都是我所加的。通常在每封信后面有我的按语，对信里所载之事实及其背景做了些注解和说明，这些按语可短可长。当然有些信件是不须加按语的。最近我因感冒住院三天，为了赶时间，第一〇三封以后的信，按语为王洞所加。我的半封信（H1）在信三十七之后，宋淇夫人寄还我的十六封信，都是一九八五年以后写的，也按日期编号，号码前加以H，标明是我给张爱玲的信。自信一〇七后，附在相关的来信后面。我的信及写在圣诞卡内最后的短信（H17），也是由上而下，由右至左直书，每段首行空一两个字。其余圣诞卡内的短笺，是由左至右，顺着卡内英文贺词横写。希望这些信有助于解读张爱玲。对张爱玲旅美生活不太熟悉的读者可参阅司马新的《张爱玲与赖雅》（简称《张赖》，大地出版社，一九九六）。

《张爱玲给我的信件》自一九九七年四月首次发表，距今已二十二年，现终于编集成书，宋以朗贤侄慨允出书，王德威弟撰文介绍此书，在此一并致谢。内人王洞在照顾我起居之余，替我整理信件、校阅书稿，常常工作到深夜，对此书的完成亦有贡献。德威弟自谦，坚持将其大文做“跋”，该文更适合做“导读”，读者不妨先看《代跋——“信”的伦理学》。

目
录

一

华盛顿，一九六三年五月～一九六六年九月

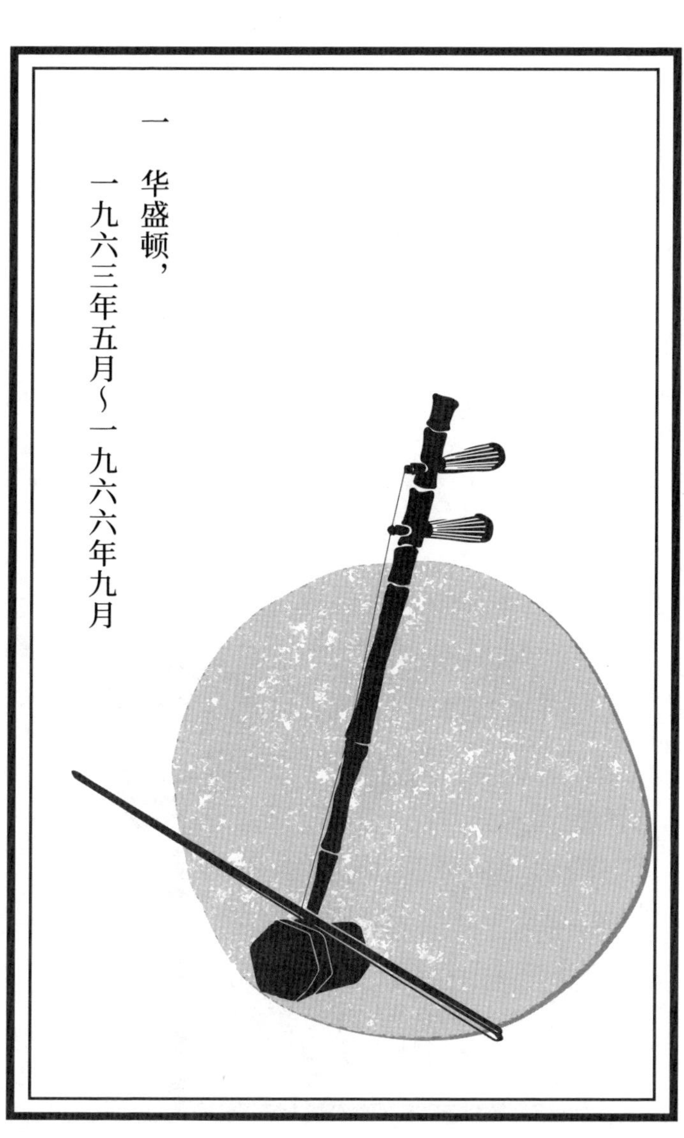

1

稿尚未改完，下月初想仍在纽约，当尽早寄上。一再耽延，乞谅。祝

好

E.

五月十九（一九六三）

THIS SIDE OF CARD IS FOR ADDRESS

U.S. POSTAGE

Mr. C. T. Hsia

稿尚未改完，下月初想仍在紐約，當儘早寄上。一再躭延，乞諒。祝

好

E.

五月十九

2

志清：

近来可好？我这些时都没写信来，因为一直在忙着改这小说，上星期总算寄出，大概日内该收到了。寄出后又发现些错误，这里附上两页，代替原来的五十三、五十四页。至于为什么需要大改特改，我想一个原因是一九四九年曾改编电影，留下些电影剧本的成分未经消化。英文本是在纽英伦乡间写的，与从前的环境距离太远，影响很坏，不像在大城市里蹲在家里，住在哪里也没多大分别。你说也许应当先在杂志上发表，恐怕风格相近的杂志难找。《星期六晚报》的小说似乎不是公式化就是名作家的。*Esquire* 新文艺腔极重，小型杂志也是文艺气氛较明显。以前的代理人没试过杂志，大出版公司全都试过，Random House 是 Hiram Haydn 看过。我觉得在这阶段或者还是先给你认识的批评家与编辑看看，不过当然等你看过之后再看着办，也不必随时告诉我。事实是在改写中，因为要给你过目，你是曾经赏识《金锁记》的，已经给了我一点 insight，看出许多毛病，使我非常感激。我喜欢收到信，自己却写惯一两行的明信片，恐怕令兄不会高兴跟我通信，但是我希望你们俩不论有什么作品都寄一份给我看看。我对翻译很有兴趣，预备在 Joint Publications Research Service 领点政治性的东西来译，但是他们根据学位给钱，而我连大学都没读完。有个 Joint Committee on Contemporary China，贵校的 Prof. Doak Barnett & Prof. C.Martin Wilbur 都在里面，不知道他们找人翻译是不是也分等级？得便能不能替我打听打听？这是不急之务，请不要特为抽空给我写信。我月底搬家，地址是

1315 C Street SE, Apt.22

电话仍是 547-1552。祝

安好，前一向 Harlem 出事我担心是不是离你们这里很近。

爱玲

九月廿五（一九六三）

【按语】

第一封信是张明信片，寄我哥大校址。一九六五年六月开始，所有她的信件才改寄我的公寓地址。明信片寄自 Apt.207, 105 6th St., S.E., Washington, D.C.。一九六二年三月张爱玲从香港回来，即搬进她丈夫赖雅（Ferdinand Reyher），同年正月即已找到的这个公寓。第二封信上说，她将于一九六三年九月底搬进同城 Apt.22, 1315 C St, S.E.。一九六七年张爱玲搬居麻州康桥后，曾寄我一份三页的履历表。上面写到她于同年十一月

才搬出第六街那个公寓而迁入 Apt.22, 1335 13th St, S.E.。细查这两个乔迁后的住址，只有公寓号码是一样的。不出两三年，张爱玲竟把华府旧居的街道也记错，实在不易置信。十一月搬家之说想也是误记。

张爱玲在第六街那个公寓住了将近两年，五月十九日那张明信片一九六二年寄出也并非不可能。但明信片上提到的那篇改稿也即是第二封信上她谓已寄给我审阅的那部英文小说稿 *The Rouge of the North*（《北地胭脂》）。此稿脱胎于《金锁记》，原题 *Pink Tears*（《粉泪》），一九五六年她居留麦道伟文艺营（MacDowell Colony）期间，即在专心写作这部小型的长篇小说了。一九五七年初，《粉泪》可能已经完稿，但根据司马新的记载，出版她第一本英文小说《秧歌》的 Scribner 公司，却“不准备选用她的第二部小说，即《粉泪》。这个消息对她当然是个不小的打击”（《张赖》页一一五）。因之有好多年她把《粉泪》抛在一旁，从事其他的编译写作计划。香港回来后，她决定把《粉泪》改写成《北地胭脂》，一九六七年终于由伦敦 Cassell 书局出版。

大家都知道，《北地胭脂》的中文本即是《怨女》。爱玲自己分析《粉泪》失败，一因“英文本是在纽英伦乡间写的，与从前的环境距离太远，影响很坏”；二是因为一九四九年爱玲曾把《金锁记》改编电影，片虽未拍成，“留下些电影剧本的成分未经消化”。要好好研究《金锁记》转成《怨女》的经过，那部电影剧本假如还能找到，应该受到我们的重视。

爱玲要我把《北地胭脂》稿找几个“批评家与编辑看看”。除了哥大几位教授外，纽约的名批评家和编辑我实在一个也不认识。后来爱玲信上指名要我找同系教授 Donald Keene，只好硬了头皮请他把书稿加以审阅，但他的反应并不太好。早在五、六〇年代，美国学人间译介古今日本文学的，Keene 即已推为第一功臣。他居然看了《北地胭脂》稿，也算是我天大的面子。Keene 二〇一二入日籍，定居日本。

赖雅身体越来越坏，每月只领到社会福利金五十二元，连付房租都不够。爱玲在改写小说期间，电影剧本也不写了，只好靠翻译工作来维持生活。为此她在信上问及 Doak Barnett, C.Martin Wilbur 这两位哥大教授。后者中文名字叫韦慕庭，一直同近代史研究所保持了友善的关系，一九九七年去世。Barnett 耶鲁大学毕业，一九四七年取得该校国际关系硕士，一九六九即离开哥大，到华府著名的研究机构 Brookings Institution 去工作。一九九九年因肺癌去世。

3

夏先生：

上次匆匆一面，您一口答应帮忙，使我感愧万分。英文《金锁记》我这里只有一份模糊的copy，向代理人处取回原稿很费周折，迄今还未收到，拿到了还有几页需要重打，不然可以请您直接到她办公室去拿，同在纽约，省得寄来寄去费时间。这两天我也正在担心耽搁太久，等您拿去给人看，已经都避暑去了。昨天听高先生给您带口信，真是从何说起，怎么会怀疑您的诚意，都怪我没早写信来解释耽延的原故，实在内疚。令兄是否仍在西岸，通信时望代问候。我因为您二位都像是多年不见的老朋友，感慨太深，只想避免这心理上的重负，急不择题地找着陈教授讲《西游记》，自己也觉得可笑。《金锁记》一经收到稍加整理就寄来，许多改动的地方也许您不赞成，看过后希望尽管告诉我。

祝

阖宅安好

Eileen

四月廿三（一九六四）

【按语】

“上次匆匆一面”即指同年三月二十一日下午爱玲同高克毅、陈世骧、我们兄弟在华府Market Inn喝香槟酒的那一次。饮酒之前，我和先兄已在亚洲学会的年会上宣读了讲《西游记》《西游补》的两篇论文。陈世骧为该场小组会议的主席，故连爱玲都有兴趣同他讲《西游记》。

“《金锁记》一经收到”之“一经”显然是笔误，应做“已经”。

张函一、二即已提到了改写《金锁记》的英文稿。对我来说，“英文《金锁记》”并非news，不会急着要去看它的。想来爱玲要我把她的文稿“拿去给人看”，我“一口答应帮忙”，却不见她把文稿寄我。我性急，即托克毅兄“带口信”，这反把爱玲急坏了，改口称我为“夏先生”。一百一十八封信中，如此称我的只此一封。

4

稿已收到，方整理中，发现多处需删改重打，下周当可寄奉，恐已值暑假，拟寄府上。祝

安好

E.

五月十一（一九六四）

稿已收到，方整理中，發現多處需刪改重打，下週當可寄奉，恐已值暑假，擬寄府上。祝

安好

E.

五月十一

5

志清：

收到你的信后，因为要找 Knopf 等三家编辑名字，刚搬家后找东西很难，这两天又在忙着看牙医生，前一向有些积压的工作也要赶着做，所以耽搁了这些天，结果找到五封都不是，明知无益，附寄给你看看。较早的一批存在 New Hampshire 一时无法查。Knopf 我记得是这些退稿信里最愤激的一封，大意是："所有的人物都令人起反感。我们曾经出过几部日本小说，都是微妙的，不像这样 squalid。我倒觉得好奇，如果这小说有人出版，不知道批评家怎么说。"我忘了是谁具名，总之不是个副编辑。那是一九五七，这小说那时候叫 *Pink Tears*。虽然他们曾经改组，我想除非 Mr. Keene 感到兴趣，不必再拿去了。"共党"一点我曾当面告诉你，与另一家 Norton 不约而同。此间的大出版公司，原来的经纪人全都送去过。Grove 与 New Directions 也在内。Partisan, Kenyon Review 我非常重视，不过觉得他们不会要。如拣一章有地方色彩的试试，就叫 *Shanghai*。中篇小说一次登不完，恐也难卖。《金锁记》原文不在手边，但是九年前开始改写前曾经考虑翻译它，觉得无从着手，因为是多年前写的，看法不同，勉强不来。如果你的两位同事无能为力，杂志上也卖不掉，日本还有一家 Tuttle，与 Keene 是否有关？此外只好试试英国，如果你那边没有熟人，我自己寄去也行。反正由你经手一天，请尽管自由处置，我们完全业务化好吗？我在香港翻译翻得很上劲，在此地却不值得，你说得有理。夜深不多写了，如找到那三家编辑的名字会再写信来。缺少 information 使你更棘手，真对不起。

爱玲

十月十六（一九六四）

【按语】

要了解为什么当年张爱玲在美国不吃香，此信是个很重要的文献。《北地胭脂》后来终于在英国出版，可说简直没有一点反应。

Partisan Review 是纽约的一份老牌文艺季刊，原先左倾，后来转为反苏联知识分子的喉舌。先兄早于一九五五年即有一篇小说 *The Jesuit's Tale*（侯健译《耶稣会教士的故事》，见《夏济安选集》）在该刊发表。

Tuttle 这家书局专印与日本有关的书籍，包括日本文学英译在内。在六〇年代，与东亚有关的英文刊物上常见它的广告。

REYHER, 1315 C ST. SE, # 02
WASHINGTON 3, D. C.

17 OCT 1964

Mr. C. T. Hsia

志清：

收到你的信后，因为要找Knopf等三家编辑名字，刚搬家后找东西很难，这两天又在忙着看牙医生，前一向有些积压的工作也要赶着做，所以就搁了这些天。结果找到五封都不是，明知无益，附寄给你看看。较早的一批存在New Hampshire一时无法查。Knopf我记得是这些退稿信里最愤激的一封，大意是：「所有的人物都令人起反感。如果过去的中国是这样，岂不连共产党都成了救星。我们曾经出过几部日本小说，都是微妙的，不像这样squalid。我们觉得好奇，如果这小说有人出版，不知道批评家怎么说。」我忘了是谁具名，总之不是个副编辑。那是一九五七，这小说那时候叫"Pink Tears"。虽然他们曾经改组，我想除非Mr. Knopf感到兴趣，不必再拿去了。（麦堂一直和我当面告诉你，只是一家Norton不能再回。）如回的大出版公司，座来

6

志清：

收到你的信的时候我正患感冒，不然马上会回信，因为实在过意不去，你帮别人的忙反而觉得guilty。我本来也顾虑到这一点，所以那天托你的时候曾经说，我唯一的条件是如果碰钉子你不要觉得难受。Mr.Keene在百忙中抽出许多时间来看稿子与写这封长信，当然是看你份上，我在这里附了封信谢他。小说页数少与小打字机有关，否则大概有三百页上下。请人endorse，中国人赞中国人他们不相信的。卖给杂志先要有出版商感到兴趣，正如你所说。我一向有个感觉，对东方特别喜爱的人，他们所喜欢的往往正是我想拆穿的。Tuttle或者也不是例外，还是先试过英国再说。得便就请你寄给我，不要挂号保险等等。这次我费了几个月的功夫改它，在我是还了自己一笔债，非常感激你给我的impetus，这是真话。Mr.McCarthy一直关心我的写作，这些年来给了我很大的精神上的支持，你也已经给了我很多，我也不再道谢，你也千万不要抱歉，更使我不安。我很高兴你替我问过Prof.Wilbur。我喜欢翻译也是因为是机械化的工作，不妨碍写作，但是情形不同，连香港现在也和我从前在那里译书的时候两样。

近来我生活很安静，想把写了一小半的长篇写完它，另外有几个短篇小说迟早要写。至于它们的出路，只好走着瞧。过天再谈，希望你这一向一切都好。

爱玲

十一月廿一夜（一九六四）

【按语】

重读真情流露的六四年五、六两信，感慨很多。爱玲所谓“对东方特别喜爱的人，他们所喜欢的往往正是我想拆穿的”，其实我在哥大教书何尝不是如此，想尽可能多拆穿些传统中国的东洋镜。但我势孤力单，有什么用？不仅新儒家是热门，到了二十世纪末年，好像任何宗教的势力都在膨胀，“五四”时期所提倡的那种批判精神倒反而算是过时的了。

7

志清：

你近来可好？我正在把那篇小说译成中文，一改成原本的语言就可以看出许多地方“不是那么回事”，只好又改，Donald Keene所说的不清楚的地方当然也在内。译完后预备把英文原稿再搁几个月再译回来重打，距离远些可以看得清楚一点。费许多手脚，都是an exercise in futility，但是又不能不这样做。我迟早总要寄到英国去，以前因为经纪人嫌版税少一直不肯送去，现在暂时是也谈不到，以后有什么发展再跟你商量。上次收到宋家的信知道Stephen好些了。今天阴历元旦开笔写信给你，顺便祝你一年诸事顺遂，写信给令兄的时候请代问候。

爱玲

二月二日（一九六五）

【按语】

爱玲阴历元旦写信给我，想来圣诞节她未寄年卡。到了一九六四年，赖雅想已便溺失禁，瘫痪在床，因之家里的“气氛阴沉而压抑”（《张赖》页一六八），爱玲更无心同好友通信，只是那些信件同一九六一～一九六三年的其他信件，想都藏在一处，一时找不到而已。她托我找Keene，我把他的反应转达，就得凭书信来往。爱玲从不来电话，但我明切记得她的女经纪人在美国找不到一家书局肯出《北地胭脂》，更不愿把书稿交给英国书商出版，想原是从她信上看来的。

宋淇原名宋奇，字悌芬，英文名字为Stephen C. Soong，笔名林以亮。老友给他信都称他为Stephen，后来的信上大多直称宋奇，再改称“宋淇”。

8

志清：

我很早听见令兄的噩耗，非常震动，那天匆匆一面，如在目前，也记得你们俩同飞纽约的话。在他这年纪，实在使我觉得人生一切无定，从来还没有这样切实的感到。Stephen 信上也说他百忙中答应译书，不知道是否给他添病，因此耿耿。我这些时也就在忙着译那本书，今天刚寄出。一直想写信给你，也是觉得无话可说，所以迟到今天。你在这一切之间还在替我想办法，待人实在热心。托蒋彝的事，我觉得不必问他了，Norton 不会有兴趣的，他只忙着自己也是常情，在国人尤其是意中事。这是可遇而不可求的，只要你随时替我留神就是了。明年印第安纳开会，原则上我当然愿意去，不过我向来得到人的帮助总是从文字上来的，单靠个性从来没有用，这是实话。似乎总应当做出点成绩来才行，和你们讲学的又情形不同。我住在华盛顿完全是 accident，不过现在搬了个便宜而很喜欢的房子，所以不想再搬。固定收入是从来没有过。托你的那部小说改写不是为了能不能出版的问题，因为改了之后也不见得有人要，不过总要自己这一关先通过。现在中文本就快写完了，如果出单行本一定第一个寄给你看。近来我特别感到时间消逝之快，寒噝噝的。这封信耽搁得太久，明天尽早寄出——其实这时候写着已经天亮了。高先生近来没看见，麦卡塞也调到南越去了。《文星》的纪念号你手边如果有就寄一本给我，不然我下次到Library of Congress中文部，他们大概有。祝

安好

爱玲

六月十六晨（一九六五）

【按语】

先兄济安一九六五年二月二十三日在加州柏克莱中风不治而亡。朋友吊唁的信我看到很多，爱玲这封寄出已在六月中旬，可说是很迟的了。但读来极为感人，尤其“近来我特别感到时间消逝之快，寒噝噝的”那一句，极有张味。在济安的遗物里，我只找到了爱玲一九五七年初给他的一封邮简和同年年底的一张年卡。邮简上她特别提到了《文学杂志》将刊出的一篇文章：“听说贵刊将载令弟的《张爱玲论》，我自己反省了一下过去的工作，自己先觉得惭愧。”先兄也在同年正月号《文学杂志》上刊登了她的小说《五四遗事》。但二人仅有的一次见面，则在一九六四年三月二十一日星期六那天下午。克毅兄（信里的“高先生”）做东，地点在福华Market Inn这家小馆子。麻烦

了 Keene 教授，我还想去托蒋彝，正如爱玲所言，我“待人实在热心”。我同蒋彝同一办公室十多年，一向关系很好。他写了一系列“哑行者”（*The Silent Traveller*）诗画游记，强调传统式的中国情趣和幽默。退休后写了一册《重访祖国》（*China Revisited*, 1977）。蒋彝的美国出版商诺登公司（W. W. Norton）我很喜欢，出的书也相当精，所以有意请蒋彝把《北地胭脂》推荐给诺登。

麦卡塞（Richard McCarthy，也称 Dick McCarthy）是位深爱中国文艺、东亚文艺的美国文化官员。受惠者除了张爱玲外，还有聂华苓、陈若曦等名作家。台北《文星月刊》第十六卷第一期（一九六五）为先兄出了个专辑，载有拙文《亡兄济安杂忆》。

志清，

我很早听見令兄的噩耗，非常震動，那天匆匆一面，如在目前，也記得你們倆同飛紐約的話。在他這年紀，實在使我覺得人生一切無定。從來還沒有這樣切實的感到。Stephen信上也說他百忙中答應譯書，不知道是否給他添病，因此耿耿。我這些時也就在忙着譯那本書，今天剛寄出，一直想寫信給你，也是覺得無話可說，所以遲到今天。你在這一切之間還在替我想辦法，待人實在熱心。托蔣彝的事，我覺得不必問他了，Morton不會有興趣的，他又忙着自己也是常情，在國人尤其是意中事。這是可遇而不可求的，只要你隨時替我留神就是了。明年印第安那開會，原則上我當然願意去，不過我向來得到人的幫助總是從文字上來的，單靠個性從來沒有用，這是實話。你手總應當做出點成績來才行，和你們講學的又情形不同。我住在華盛頓完全是accident，不過現在搬了個便宜而很喜歡的房子，所以不想再搬。固定收入是從來沒有過。托你的那部小說改寫不是為了能不能出版的問題，因為改了之後也不見得有人要，不過總要自己這一關先通過。現在中文本就快寫完了，如果出單行本一定第一個寄給你看。近來我特別感到時間消逝之快，寫嘍嘍的。這封信耽擱得太久，明天儘早寄出。其實這時候寫着已經天亮了。高先生近來沒看見，李卡塞也調到南越去了。"文星"的紀念號你手邊如果有就寄一本給我，不然我下次到Library of Congress中文部，他們大概有。祝

安好

愛玲 六月十六晨

9

志清：

这一向天天惦记着要写信给你，但是说来荒唐，《北地胭脂》（现在叫《怨女》）的中文本直到现在刚搞完，所以一直定不下心来写信。什么时候能把英文本译好打好，也讲不定，机械化的工作应当快些。近来时刻觉得时间过去之快，成为经常的精神上的压迫。《现代文学》你们兄弟俩的信特别有兴趣，过天还想再看一遍。里面提到《海上花》，这本书我一直最喜欢，老有个志愿把它译成英文，可是这一类的工作往哪儿去找？除非自己写的东西有点名。所以我找副业永远是个 vicious circle，能够写作为生又不必找副业了。想帮我打破这 vicious circle 的寥寥几个人是我最感激的，因为我知道这问题之难。聂华苓的名字我常常听见的，“失去的金铃子”是不是指那种虫？（Houghton Mifflin 早已试过的）得便请替我谢谢她转《铁浆》给我，我另外写张明信片去谢作者。印第安纳来了封信讲明年开会的事，我今天刚回信，真有点不好意思，像个只说不写的作者。过天再谈，希望你这一向好。

爱玲

十月卅一（一九六五）

【按语】

先兄去世后，白先勇在《现代文学》第二十五期（一九六四年七月）上出了一个“夏济安先生纪念专辑”。我重读先兄旧信，特为此辑汇集了一篇《夏济安对中国俗文学的看法》。爱玲在信上提到“你们兄弟俩的信”，其实该篇所录的都是济安一人的信。有一封谈到了《海上花》，因为此书少有人提起，爱玲显然大为激动，直承“这本书我一直最喜欢，老有个志愿把它译成英文”。我的回信见不到，但想来鼓励她不要气馁，向某些基金会、大学研究机构申请一笔钱翻译中国名著还不算太困难。两年之后，爱玲能请到一笔奖金去翻译《海上花》，我想同这次通信有些关系的。

《失去的金铃子》是聂华苓的一部小说。爱玲嘱我向她道谢的事，我一点也没有印象了。Houghton Mifflin 是波士顿一家老牌书局。圆括号里提到它的那句话，意义不明。《铁浆》当然是朱西甯最有名的一篇短篇小说。假如爱玲看了《铁浆》之后，真的写张明信片向朱西甯道谢，他应该激动异常，因为张一直是他最崇拜的作家。

10

志清：

译《海上花》事你想得非常周到。这本书胡适特别赏识，我刚到纽约时见到他，也忘了提，后来当然也来不及了。教书我虽然资历不合格，也愿意试试，等你几时有空就请写封信给Mr.Michael打听打听。Dick McCarthy想介绍我到Iowa U.教书，我一直担心换个环境没有privacy，会更写不出东西，结果也没说成。有本参考书*20th Century Authors*，同一家公司要再出本*Mid-Century Authors*，写信来叫我写个自传，我借此讲有两部小说卖不出，几乎通篇都讲语言障碍外的障碍。他们不会用的——一共只出过薄薄一本书。等退回来我寄给你看。韩素英也sentimental，写与白种人恋爱，也使读者能identify自己，又引些古诗等等，不但慕风雅的suburbanites喜欢，就连像高先生，也熟悉中国，照样喜欢而且佩服。各人口味不同，我自己也爱看有些并没什么好的书，或是毫不相干的，例如考古与人种学，我看了好些，作为一种逃避，尤其是关于亚洲大陆出来的人种。这种东西没有学位毫无用处，不过是好癖，而这些有兴趣的东西我写信从来没工夫说，所以看了你们兄弟的信特别过瘾似的。那本

《现代文学》上别的文章，那些青年作家写师长之类的人，总不及写他们小时候认识的人，但也可以想见生平。於梨华曾有封信给我，她是不是华东、华中人？《怨女》再译成英文，又发现几处要添改，真是个无底洞，我只想较对得起原来的故事。总算快译完了。中文本五六年前就想给《星岛晚报》连载，至今才有了稿子寄去，想必有别的在登着，出书的事托Stephen料理，虽然他还没怎样复原，好在是不急之务。今天年卅晚上，正写着信，电视上是时代广场上的午夜，本地同时也鸣炮一响，正好祝你明年诸事如意。

爱玲

十二月卅一（一九六五）

【按语】

不管新旧历，爱玲喜在大除夕、元旦写信。我自己十二月忙于写年卡，除夕、元旦除非要补写几张年卡，也就不写信了。

Mr. Michael即西雅图华盛顿大学Franz Michael教授。梅格尔原籍德国，也是同校中国近代史研究计划Modern Chinese Project的主管人。先兄的才华他特别欣赏，因之我想到他可能也乐于援助爱玲。在原信首页的“右眉”上，我曾写下了这一条：

今晚给Franz Michael一信，推荐张爱玲；also硬了头皮，给王世杰、阎振兴两封信，请他们给姜贵一事半职。此事拖了半年，今晚才办成。

“今晚”可能即是收到来信的那个晚上。但既为爱玲写了封推荐信，我受托于姜贵要写的两封信也就非写不可了。在美国用英文写信很方便，致函总统和致函同行学者，语调是一样的。当年在国内，写信给位德高望重的官长，非得学会一套客气话不可。这套话我说不来，因之雅不愿意同要人们写信。胡适去世后，王世杰即继任为“研究院院长”，阎振兴一九六五年刚升任“教育部长”。姜贵要我呈函二长，为他说项，实在可说是 an exercise in futility，但信我还是写了。《中国现代小说史》首版附录里有一节肯定《旋风》为台湾地区小说之突出杰作。姜贵知悉后即同我通信不断，历年来他给我的信件可能有七八十封。

志清，

譯「海上花」事你想得非常週到。這本書胡適特別賞識，我倒到紐約時見到他，也忘了提，後來當然也來不及了。教書我雖然漫塵不合格，也願意試試，等你幾時有空就請寫封信給Mr. Michael打聽打聽。Dick McCarthy想介紹我到Iowa U.教書，我一直担心換个環境沒有privacy，會更寫不出東西，結果也沒說成。有本參考書"20th Century Authors"，今一家公司要再出本"Mid-century Authors"，寫信來叫我寫个自傳，我借此講有兩部小說賣不出，幾乎通篇都講語言障礙外的障礙。他們不全用的——一共只出过薄薄一本書。等退回來我寄給你看，轉寄英陸觀其外，也sentimental，寫与白种人讀，也使讀者能identify自己，又引些古詩等等，不但墓固雅的subordinate喜欢，就連像高先生，並不親美，也難喜中國，George Kao, VSIS照樣喜欢而且佩服。各人口胃不同，我自己也愛看有些並沒什么好的書，或是毫不相干的，例如考古与人种學，我看了好些，你有一种逃避，尤其是因於亞洲大陸出來的人种。這种東西沒有學位毫無用處，不過是好癖，而這些有興趣的東西我寫信從來沒工夫說，所以看了你們兄弟的信特別过癮似的。那本「現代文學」上別的文章，那些青年作家寫師長之類的人，總不及寫他們小時候的人認識，但也可以想見生平。於梨華曾有封信給我，她是不是華東、華中人？「金鎖記」「怨女」再譯成英文，又發現幾處要添改，真是个無底洞。我只想趕快对得起原來的故事。總等快譯完了。中文本五六年前就想給皇冠連載，至今才寫（有了稿子）完，總也有別的在登着，出書的事托Stephen料理，雖然他还沒怎樣催原，好在是不急之務。今天年卅晚上，正寫着信，電視上是时代廣場上的午夜，本地同时也鳴炮一响，正好祝你明年諸事如意。

愛玲 十二月卅一

11

志清：

收到十日的信，对于我找工作的事实在费心，我确是感激得说不出话来，也就只好不说了。

Radcliffe Independent Study 如果申请得到，当然最理想了，但是我要了申请表来一看，那三个保人很难找到合适的，如果找到其他两个，再来找你。夏威夷大学过天就写信去问，刘君以后有机会再谢他，你如果跟他通信请顺便提一声。我并不光是为了没有学位而心虚，不幸教书不仅是书的事，还有对人的方面，像我即使得上几个博士衔也没用。不过无论如何想试试，尤其是或者因此有路子译《海上花》。这一向我在想写篇散文讲中共，离沪前有些印象，看来现在也还是那样，但是一直找不到个焦点。有时候越是跟谈得来的人讲，越对自己感到不耐烦，恨不得马上回去做事似的。我想等 Mr. Michael 有空会打电话给我，如果隔得日子久了，我再写信去提醒他一声。我对人家忙这一点最同情，譬如去年十一月把《怨女》小说空邮寄港，告诉 Stephen 一切就地解决，不要特为写信给我，因为知道他们俩都忙——正如你每次抽空写信来都使我感到歉意——所以直到最近才知道稿子遗失了没寄到，实在头痛，因为译成英文的时候又改过，原稿乱七八糟，不光是重抄的事。现在英文稿快打完了，也还在改。为什么永远纠缠不清，过天再谈。上次我提起的*Mid-Century Authors*要到一九六八才出版，想借它宣传帮我卖小说，也不必想了。这封信想今天寄出。祝

近好

爱玲

三月卅一（一九六六）

【按语】

张爱玲有意英译《海上花》，提醒她去向赖氏女子学院所设立的研究所（Radcliffe Institute for Independent Study）申请一笔奖金的人可能就是我，否则她用不到对我“感激得说不出话来”。信里的“刘君”即是刘绍铭。他是先兄的高足，一九六二年认识我之后，同我通信甚勤，信上无话不谈。去夏威夷大学之前，他曾在俄亥俄州牛津市（Oxford, Ohio）迈阿密大学（Miami University）教过一两年。一九六六年张爱玲能去该校访问九个月，绍铭消息灵通，居功最大。

12

志清：

你在季终百忙中写信来，实在过意不去。我已经写过信给Michael，他约了下星期五见面，我本来想等见过后再写信告诉你。Prof.Young那封信因为难措辞，又不能太谦虚，要留接洽余地，所以迟至四月十一才寄出，收到回信，附在这里，你看过后不必寄还，因为我已经摘要记了下来。接到你四日的信，马上再写了封信给他，只作为覆信，举出你与刘绍铭、McCarthy作保，附着简史与一份书评，一封H.K.U.S.I.S.新近来信讲《赤地》在东南亚等等，告诉他学校文件都遗失了，因为以前没找过事，一直没用着，收到他的信后写信到伦敦与香港去另要一份，还没得到回音。伦大不过是考取的证书。港大有个老教授帮我弄入境证从大陆出来，这件事原经手人是我母亲的朋友，夫妇俩都在港大教书，异常怕事，硬要我至少暂时重进港大，反正原来的奖学金仍在。读了不到一学期，因为炎樱在日本，我有机会到日本去，以为是赴美捷径，匆匆写信给Registrar's Office辞掉奖学金，不知道这份奖学金还在开会讨论，老教授替我力争，然后发现人已不在，大怒之下，我三个月后回港道歉也没用。学校叫我补付学费，付了满以为了事，但是后来有一次应征一个译员的广告，没想到是替个英国什么东南亚局长做事，录取后一调查，查到港大，竟有人说我有间谍嫌疑。有过这番过节，虽然那教授早已退休，可能还是不给。原来那份直到最近才发现丢了，与东西存在纽英伦有关，现在也还存着万一的希望想找回来。不啰唆了，已经通篇乌烟瘴气。你这向忙，不要写信来，我随时有什么消息就写个便条告诉你。过天我再写信去谢刘绍铭。

爱玲

五月七日（一九六六）

【按语】

Prof. Young 不知是何许人，能看到同时期自己的信件就好了。看下面七月一日那封信，他有意找一位驻校作家，想是一家学院的教务长或英文系主任。

H. K. U. S. I. S. 即香港美国新闻处（Information Service）的简写。爱玲有闲情逸致在信上讲一段港大老教授的故事给我听，很难得。

13

志清：

你附寄来刘绍铭的信，看了非常感愧，无论如何在他离开华大前要写封信去道谢。上次给Prof. Young寄去的简史，只写进St. Mary's Hall与毕业年份，因为以前信上提过这学校，没再注明是个女校，所以他误以为我是个尼姑。我当天就覆了封短信，今天接到回信，一并寄上，你看过后不必保留。我第一封信上就说明大学没毕业，他大概没细看。

见到Prof. Michael，觉得他人实在好，可惜他一两个星期内就要去旅行，要明年一月才回来。他答应替我托几个人，主要因为我对研究大陆太有兴趣，而且似对以前的中国太否定（他连鲁迅也嫌太否定）。谈了一个钟头之久，我只忙着听与回答，也忘了解释《秧歌》是讲大陆的。他临走打电话来，还急于要看我正在写的讲中共的散文。我告诉他关于《秧歌》，他怪我早不说，我也仍旧忘了告诉他认识McCarthy多年，看他还有点疑心我在这里没有出路，思想不稳起来。这都是因为我说话向不留心，可谈的人都是彼此taken for granted。给他这么个印象，觉得对不起你。但是日久自明，那篇散文如果不发表他也要看。他给我介绍的人都还没打电话来，看上去翻译较有可能。

港大给我寄了张文件来，只说某年至某年在那里，连及格与否都不提。我再写了信去，回说没有我得奖学金的纪录，或系战时遗失——其实一九五二年他们的老书记告诉我全部保存着，而且拿出我那张证书的副本给我看。此间英大使馆或者可代交涉。这些啰唆的事不提了，等你忙过了这一向再谈。

爱玲

五月廿五（一九六六）

【按语】

St. Mary's Hall即美国圣公会在上海设立的圣玛利亚女校。张爱玲一九三七年毕业于这所中学。

14

志清：

今天收到你的信，知道就快要动身，所以连夜把作保填的表寄上。那次见到Prof. Michael，他说Stanford的Prof. 陈跟他提起我——大概他一时把Stanford与Berkeley缠错了。所以我以为是到Indiana开会的Prof. Chan Shau-win，想必曾经看过我写的东西，或者可以找他作保译《海上花》，问过他才知道是误会。我回来后才想起表上有“几时认识的”一项，赶紧写信给庄先生请他不必问Mr. Franz。预备过天再写信给Joseph Lau，问他能不能算是一九六〇在台北认识的。另有一项“私人还是职业上关系”，我想好在我们见面次数少，不如就写职业上，作为批评家与作者关系。开会的事在我是可一而不可再，似乎有人说过“无论什么都值得试一次”。你说的短篇小说集，我当然愿意译一篇，但是最近发现文凭丢了，连自己的三本书都丢了，等你到台北，能不能替我每样买一本，《传奇》《流言》《短篇小说集》，买不到，旧的也行，版本坏没关系。等看过《传奇》再跟你商量译哪篇。稿费二百元我觉得很合理，如果要你多给，那只好不译了。随时等他们发下来再寄给我，不忙。目前生活无问题，我最不会撑场面，朋友面前更可以不必。Joseph Lau 说你写过两封信给 Prof. Michael 关于我，我听了非常难过，更怪自己说话不留神。我这些年来只对看得起我的人负疚，觉得太对不起人，这种痛苦在我是友谊的代价，也还是觉得值得。Prof. Young 还有封信，我懒得寄来了，还又要你寄回来。说做 writer-in-residence 拿 lecturer 薪水，高低不定，等他下次到华府来找我见面。这事大概没有可能性，有什么再跟你们商量。你在台北的时候，还要托你打听打听《怨女》可否在那里出版，本来要在香港连载，耽搁了这些年似乎也有变化。英文本寄到英国去也刚赶上那边码头罢工。秋天等我根据英文本改了抄了，先寄给你看看是否 valid，这次一定要复印一份免再遗失。你临走一定忙，等到了台湾再把通讯处告诉我。祝

一路顺风，玩得痛快，母亲与妹妹也都见得着。

爱玲

七月一日（一九六六）

【按语】

我于一九六六年拿到一个 Fulbright-Hays Fellowship，在台北住了近半年，先后也有机会去东京、香港观光。一九四七年十一月离沪后，这是我第一次返国。爱玲误以为我即可见到母妹，其实我的父母妹妹都在上海。《中国古典小说》这部英文著作即

将完成，因之我在信上提及编译二十世纪中国小说集的另一计划。

美国汉学界有三个姓陈的前辈，原是从广东来美国留学的：陈荣捷（Wing-tsit Chan）同陈受颐、陈受荣（Shau-win 应作 Shau Wing）昆仲。兄弟俩都是英文系出身，受颐原先很有名望，一九六一年出了一本中国文学史（*Chinese Literature: A Historical Introduction*），反而遭受了内行的抨击。受荣长期在斯坦福教授中国语文的课程。陈荣捷（1901—1994）寿命最长，一生专攻中国思想史，乃研究院院士。

陈世骧（1912—1971）乃北方人，一九四一年抵美，不多年即在柏克莱加大初露头角。我《悼念陈世骧》一文见拙著《文学的前途》（一九七四）。张爱玲后来去柏克莱，曾在陈世骧手下做研究。

刘绍铭（Joseph Lau）即将离开华大（即夏大，沪语华、夏同音）到香港中文大学去教书。“庄先生”即爱玲日后的好友庄信正，那时他还在印第安纳大学比较文学系念博士学位。Mr.Frenz 即该系主任 Horst Frenz。

志清，

今天收到你的信，知道就快要動身，所以連夜把作保填的表寄上。那次見到Prof. Michael，他說Stanford的Prof.陳跟他提起我——大概他一时把Stanford与Berkeley纏錯了。所以我以為是到Indiana開會的Prof. Chen Shou-yi，想他曾經看过我寫的東西，或者可以找他作保譯「海上花」。問过他才知道是誤會。我回來後才想起表上有「幾时認識的」一項，趕緊寫信給莊先生請他不必問Mr. Tseng。預備过天再寫信給Joseph Lau，问他能不能說是1960在台北認識的。另有一項「私人还是職業上關係」我想好在我们見面次數少，不如就寫職業上，作為批評家与作者關係。開會的事在我是可一而不可再，似乎有人說过「無論什么都值得試一次。」你說的短篇小說集，我曾經酌量譯一篇，但是最近發現又遺失了，書出版，本来要在香港連載，就擱了這些年，似乎也有變化。英文本寄到英國去也剛趕上那边碼頭罷工。秋天等我根據英文本改了抄了，先寄給你看看是否valid。這次一定要複印一份免再遺失。你臨走一定忙，等到了台灣再把通訊處告訴我。祝一路順風，玩得痛快，母親与姊姊也都見得着。

愛玲 七月一日

15

志清：

我太疏忽，忘了告诉你program名字，是叫Part-time Fellowship，只译《海上花》，一年做不完可以再续一年。我想把胡适说坏的部分删去，（中部在园中做诗行令部分，约占一小半）仍旧把情节贯串起来，所以是译与改编。我要到九月才申请，你如果不怕带来带去麻烦，可俟到台后再寄去，只要十月底前寄到就是。上次写信匆促没提，你编的小说集，我想还是译《金锁记》，因为这故事搞来搞去有四分之一世纪之久，先后参看或有猎奇的兴趣。稿费我不是客气，但是你一定要多给，也只好拿着。要叫你告诉我你的经济情形，实在使我觉得惶愧，看到那里自然而然地跳着看，大有一目十行之概。其实我怎么会不知道海外谋生的情形，而且你是有家庭负担的人。我也能想象你拿到你哥哥的保险费觉得不是味。我的《短篇小说集》你既然借给我，别的两本书毫无时间性质，等你到港台后有便再买。我因为心境坏，尽管自己保重也仍旧一磅一磅瘦下来。《怨女》出版事，我对港台出版界不熟悉，请你到了那里看着办，认为差不多就是，不要问我，不过出书最好让我自己校对，不然错字太多。如托於梨华，事成后请告诉我她的地址，让我写信去谢她。Stephen 历年的健康问题给他精神上的影响极大，虽然表面上一切照常，我觉得他容易感到厌倦，《民报月刊》事不必特为去问他。本来他介绍《星岛》连载，日久有变是我自己下的结论，等秋天寄小说稿给你的时候当有切实的消息一并告诉你。祝

路上好

爱玲

七月八日（一九六六）

【按语】

信封上爱玲写道："书刚收到，谢谢。"书即指香港天风出版社一九五四年七月初版的《张爱玲短篇小说集》。好友马逢华教授一九五七年在《文学杂志》看到我的论张二文后，曾来信借阅此书。我的藏书远地朋友看到了，借几本回家的情形不少，但张的《小说集》两次邮寄他处，倒是奇事。

《民报月刊》应作《明报月刊》。一九六一～一九六二年爱玲旅港期间，该刊尚未创办。

志清：

我太疏忽，忘了告訴你program名字，是叫Part-time Fellowship。又譯「海上花」，一年做不完可以再續一年。我想把胡適說好的部份刪去，（中部在園中做詩行令部份，給你一小半）好在把情節要起來，所以是譯了改編。我要到九月才申請。你如果不嫌帶來帶去麻煩，可候到台後再寄去，只要十月底前寄到就是。上次寫信匆促沒提，你編的小說集，我想還是譯「金鎖記」，因為這故事搞來搞去有四分之一世紀之久，先後參看我有獨特的興趣。稿費我不是客氣，但是你一定要多給，也只好拿着。謝謝你告訴我你的經濟情形，實在使我覺得慚愧，看到那裏自然而然的跳着看，太有外謀生的情形，而且你是有家庭負擔的）。我也能想像你拿到你哥哥的保險費覺得不是味。我的短篇小說集你既然借給我，別的兩本書毫無時間性，等你到港台後有便再寄。（如因為心境壞，儘管自己性子也好像一陣一陣壓下來。）「怨女」出版事，我對港台出版界不熟悉，請你到了那裏看着辦。認為差不多就是，不要問我，不過出書最好讓我自己校對，不然錯字太多。如托於梨華，事成後請告訴我她的地址，讓我寫信去謝她。Stephen歷年的健康問題給他精神上的影響極大，雖然表面上一切照常。我覺得他容易感到厭倦，「民報日刊」事不妨特為去問他。本來他介紹星島連載，日久有變是我自己下的結論，等秋天寄小說稿給你的時候會有切實的消息一併告訴你。祝

路上好

愛玲 七月八。

16

志清：

《怨女》事接洽得一团糟，实在可笑。起初王敬羲来信问出单行本有什么条件（我回答没有特殊条件），以及在哪里连载。我告诉他说你曾提起几处，我也不知道哪家合适，等抄完寄给你们看了再决定，他离开 Iowa 前再写信来，说返港后将接洽在港台销路最大的报纸连载，并将在日与你会面。我暂未回信，因为於梨华介绍了《征信》的王鼎钧给我，我请他来信告诉我稿费情形，预备等有回音再告诉王敬羲作参考。但前两天梨华已经把王鼎钧给她的信附寄了来，说《怨女》已经给了《皇冠》，给她的想是另一篇。昨天收到你的信，你听说已在《征信》连载，我不禁失笑。王鼎钧随又有信来，说给梨华一百五十台币一千字，或可酌加，并说这一向为弟弟婚事忙碌，想必没来得及细看我的信，以致误会。最好请你全权代办连载与出单行本事，我改天再分别写信跟他们解释。一切条件只要你看还过得去，我根本没有 expect much。等有合同要签的时候请径寄给我，不要再特为来信问我的意见。函札往返，spoil your vacation。我已经非常抱歉害你动身前百忙中还要给 Radcliffe 写介绍信，也感激你细心想到我的名字容易缠错，幸亏你跟她们解释。我这两天正在写申请书，因为Library of Congress刚代借到《海上花》，我再看了看想删的部分，共十回半，全书六十四回。另一介绍人找陈世骧，也已经答应了。Joseph Lau介绍的Miami U. of Ohio事，如果说成，九月一日开始。月底就要搬去，所以《怨女》这两天也没工夫抄，详细情形下月再告诉你。你那本书我一定特别当心，不会乱中遗失。

爱玲

八月十九（一九六六）

【按语】

这封信看起来不大清楚，因为爱玲自己也不知道港台哪家报纸已在或将连载《怨女》，港台哪个出版商已获得了《怨女》单行本的出版权。有意帮助她出版此书的，信上，提到了两位：王敬羲和王鼎钧。前者虽非台大外文系学生，他同刘绍铭、庄信正一样，常去先兄温州街宿舍同他谈话。早在《文学杂志》上即初露头角，王敬羲后来到香港去发展，开了一家专销台湾出版物的书店，并创办了一份双周刊《南北极》。《夏济安日记》即在该刊同《中国时报·人间副刊》上同时发表的。一九六六年暑期初，我带了妻子卡洛（Carol），才十岁大的女儿建一（Joyce）从纽约飞往东京，但究竟是哪一天动身的，不查当年保存的资料也就无从确知了。访游日本约两星期，在古色古香的京都倒停留了一星期，但在七月哪一天我们从东京飞往台北的，我就不清楚了。根据王敬羲的文章（《三二年前夏志清教授的一封信》原刊《香港纯文学月刊》复刊第一号一九九八年五月三十一日），我是七月十四日由纽约出发，十七日抵东京，希望在东京同他碰面，可惜他因航空公司员工罢工，误了航程，我们没见着。旅台那半年，印象中我同他见过面，虽然他早已迁居香港了。一九七〇年春我在香港，则同他来往颇勤。大散文家王鼎钧当年是《人间副刊》的主编，以“方以直”笔名所写的方块文字极受重视。我因为於梨华、张爱玲的关系，抵台不久即同鼎钧兄见了面。之后，他同姜贵（真名王林渡，也是山东人）常来金华街寓所同我谈天，让我知道了不少台湾当局、社会的真相。

我在《琼瑶、平鑫涛〈皇冠〉》一文里写道：“我在台北那半年，爱玲正有意把自己的作品交《皇冠》出版，我同宋淇既是至交，爱玲也认为我是位最可靠的朋友，这件事就由宋淇书面托我直接同平先生接洽了。”（《皇冠》第四八〇期，页四四）重读爱玲寄往台北的旧信，才想起原来我是得到书面嘱咐为她办事的“全权”代表，此事可能与宋淇无关。

17

志清：

今天收到王敬羲的信，才知道《怨女》已在《星岛晚报》连载，实在头痛万分。那份稿子还是去年十一月空邮寄出到宋家，此后又去信请他们如果尚未交给报馆，就寄回来让我改。二月间收到Mae Soong的信，发现稿子没寄到，我一月的两封信也显然是丢了，赶紧问他们稿子收到没有。二月底Mae还有信来，也没提这件事，显然并未收到，我实在不懂，即使改寄平邮也寄到了。初夏再写信去请她无论如何来张便条confirm一下稿子确是丢了，也没有回音。我终于下结论是丢了，才在动身前托你。前两天刚又写信托你代办连载与出书事，倒像是你在港台休假几个月没事干似的，要你白忙，太岂有此理。以前Stephen所说的只限《星岛》连载，我信上说出单行本想托夏志清，他也始终没说什么。——除非是在我寄丢的两封信上？——如果你怕再闹双包案的话，就等到香港看见他的时候，确实知道没人出书，再替我进行也好。我过两天再给他们写封信去，但是当然又是白写，实在莫名其妙。一方面我再写信去跟王敬羲解释。收到Prof. Badgley的信说他们对你荐我的warm letter非常重视，我的感动也无从说起。王敬羲建议让《征信》在台同时连载，我觉得即使现在登也已经比《星岛》晚了，不如索性再等一个月，刊载改正本，因为我对台湾的读者更重视些。今天深夜两点半刚拆开他的信，赶紧写了这封信给你，马上去寄去，赶明早八点钟一班邮。

爱玲

八月卅一日（一九六六）

【按语】

Mae 是邝文美的英文名字。Prof.Badgley 是代表迈阿密大学同张爱玲接洽事宜的那位教授。

18

今天收到卅日的信，立即写信给平君，说明那是未改过、以为遗失了的稿子，不能出单行本。一方面 forestall any such thing，一方面等十五日搬家后赶抄改正本，仍寄来给你再说。正文出版社是细节，自无问题。我卅一日信上说“等你抵港后”云云，现在再一想，不必再把你牵涉进去，使你为难，我已经非常抱歉与窘。以后我自己写封信去就是。匆匆祝

好

E

九月三日（一九六六）

【按语】

这是张明信片，格局同第一封相仿。

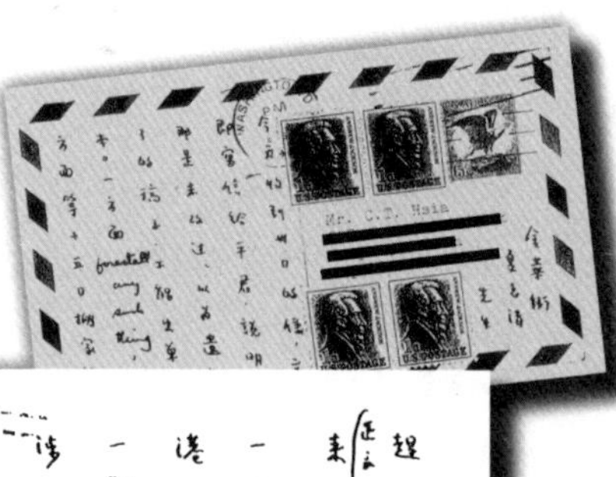

19

志清：

这两天正忙着搬家，又寄了封挂号信给平鑫涛，附在这里给你看。上一封忘了挂号，看来又是“相应不理”，实在奇怪。他不会找你的，甚至会避不见面，只好请你打电话找他声明出不出都在其次，第一不能根据连载出单行本。等到出版，香港版当然可以由正文销。我《传奇》等书都已找到，一场虚惊。要你费事代买，实在抱歉。如已买到，过天请平邮寄给我，c/o Mr. Keebler, Western College, Oxford, Ohio.

爱玲

九月十五晨五时（一九六六）

［附件：致平鑫涛函］

鑫涛先生：

前致一函，说明《皇冠》连载《怨女》系去年以为遗失之稿，经修改后正接洽出版事，突闻在《皇冠》连载，深感诧异，亟来信阻止出单行本，迄未获回音，特再申前意，免致延误，除挂号外并将此函副本寄交夏志清教授，夏君适自美来台北，寓金华街二〇五号。兹托致语，作者决不同意根据连载《怨女》出书。倘有意出版改正本，可就地商谈，已托夏君全权代理。

爱玲

九月十四（一九六六）

【按语】

在寄往台北的几封信上，我们看到了爱玲心头的焦虑和不安。不明说的主要原因当然是赖雅卧病在床，身体一天一天坏下去。爱玲没有足够的时间、金钱去伺候他，心情当然不会转好。宋淇夫妇消息全无，他们究竟怎么样了？自己还在修改《怨女》，而此书的旧稿竟会先后连载于《星岛日报》《皇冠》！假如旧稿先出了单行本，那真是糟透了。爱玲在生活上充满了恐惧感，因为连家里自藏的《传奇》《流言》《短篇小说集》也会失踪的。但九月间准备单独赴迈阿密大学当驻校作家之前，她竟找到了这三本书。对她来说，这无疑是个吉兆。

二 俄亥俄州牛津，一九六六年十月~一九六七年三月

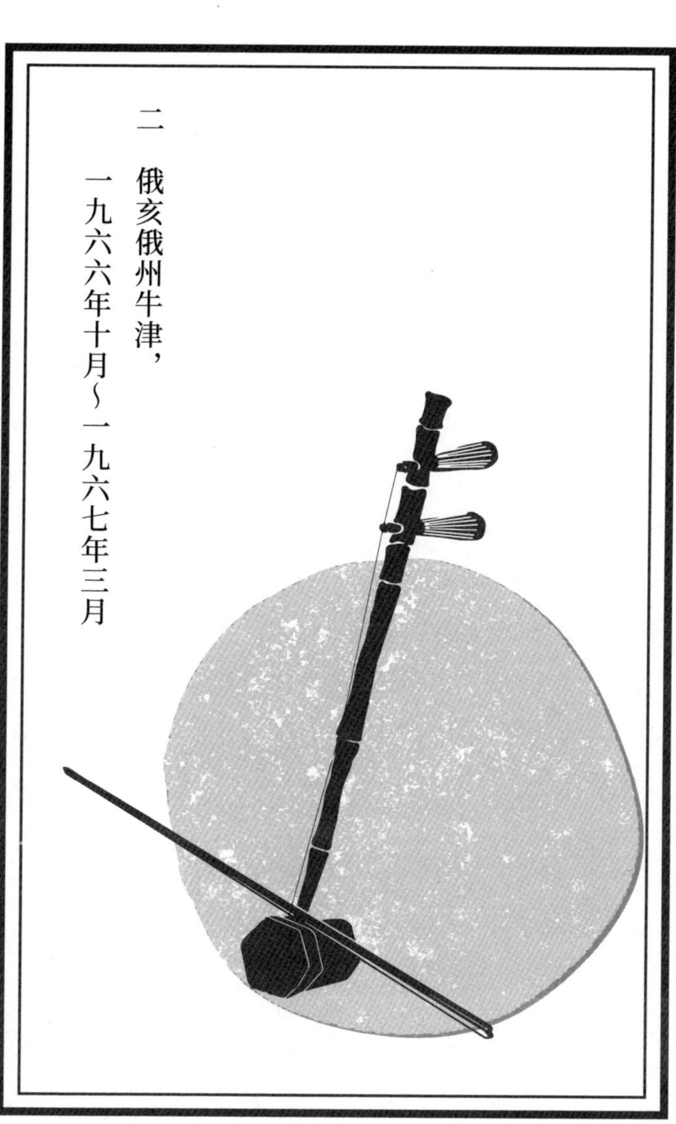

20

志清:

我这几天正患伤风感冒，所以只写寥寥几行。收到廿三日信知道接洽经过，非常感谢，而且知道连载本不会出书，一块石头落地。以后别的条件即使没有这样优越，也请仍照原议，不必问我，径寄合同来签，因为我知道那总是 the best that can be done under the circumstances。《怨女》旧稿字数记不清楚，似约八万，《星岛》扣除标点算六万五千字，稿费宋淇已寄来。《皇冠》的稿费不急，收到后请等有便再寄，千万不要特为去汇兑。你看中文本觉得好些，是因为已经改过。你仿佛说十月内离台——原信不在手边——我希望能在你离开前抄好寄来。除《五四遗事》外别的短篇都没译出或发表。在大陆曾写 potboiler《十八春》在小报连载后出过单行本，过天行李运到后，等我拿出来看看，如有可能性，当寄来给你看，封底撕掉不会违禁。匆匆祝

好

爱玲

十月二日（一九六六）

又改了新地址。

21

志清：

昨天匆匆寄出一信，有两件事忘了提。王敬羲好在我并没有答应他什么，只告诉他一切情形，请他与你接洽。你给我讲成这么好的条件，我们不谈代理人 commission 的话，因为不比外国版税稿费，不值一抽，但至少请你《金锁记》译费无论如何不要再添一百元给我，使我觉得惭愧，而且现在有经常收入在这里。不是跟你客气，以后给了我也只好退回，多费一番手脚。刚才行李刚到，发现胡适的一本《秧歌》，扉页上写着一段夸奖的文字，全书加圈点，不知道出全集用得着否？当即寄来给你看。那部 potboiler 长篇几乎有四百页长，最末五十页需删改，还是等你抵港后寄给你。如向平提起，可说是故事性强的多角恋爱故事，以一九四八年的上海南京为背景，无政治性。伤风还没好，趁太阳还没下去赶紧去寄这封信。祝

好

爱玲

十月三日（一九六六）

【按语】

爱玲看到了九月廿三日我给她的信，显然心境大为好转，虽然“正患伤风感冒”，她连续写了两封信，可以想象她兴奋的样子。我们可以说，我同平鑫涛的初次会谈，解决了张爱玲下半生的生活问题。爱玲只要我“全权代办”有关《怨女》的“连载与出版单行本事”，但那次会谈，我显然向鑫涛兄建议为张爱玲出全集的事，而他必然也赞同，且答应在稿费和版税这两方面予以特别优待。六〇年代我每在纽约中国城逛书店，总看到“皇冠丛书”在书架上占的面积最大，也无怪有多少作家要把他们的小说交给《皇冠》去出版！为了张爱玲，我同平鑫涛“有两三次在馆子见面的机会，有一次他请朱西甯作陪，另一次他把琼瑶女士也邀到了”（见前引《皇冠》拙文同页，）。一九六六年那年返国，我对文坛情形不熟，哪里会知道台湾名作家间，朱西甯是位最崇拜张爱玲的张迷？假如我在廿三日那封信上提到了西甯兄，爱玲看信时一定会更为高兴，朱既是平的参谋，她对自己台湾的市场也就更该乐观了。早在五〇年代，朱即已致函爱玲，而张自己也于一九六五年给了他一张名片。请参阅第九封张函及按语同朱天文《花忆前身》（麦田，一九九六）“记胡兰成八书”之首封。

既有出全集的可能，爱玲即在两封短信上提到了尚未发表的短篇小说，那部需待修改的长篇《十八春》，和胡适为《秧歌》所手写的“一段夸奖的文字”。爱玲谦称《十八春》为

potboiler（为糊口而写的），其实我们在信上看得出，她对这部作品极为心爱。迟早即将由《皇冠》出版，爱玲也就强调它是“故事性强的多角恋爱故事”。

张的新址是 c/o University Center, Miami University, Oxford, Ohio 45056.

22

志清：

今天收到九日的信，《金锁记》一定在明年二月内译完，勿念。《连环套》没有底稿。《十八春》末尾需加整理，一时不能寄来。背景是一九三〇年间，长篇大论，婆婆妈妈的，但是部分地有两处我也还喜欢。《怨女》以前的剧本我没有，剧情也大有出入，但是重写不会费事，条件也好，就请你托平君进行，这次无论如何应当有commission。国联五凤只有汪玲漂亮，似比别的任何新进女星都好。《养鸭人家》的导演听你说的想必是好。陈世骧今天有信来，已经寄了介绍信给Radcliffe。我前天看了《文星》匆匆写了封信来，讲济安的话希望你不觉得唐突。寄出后还在想着我们这一代的人少年感情生活的贫乏，事实是常例，也是我们那一代的特点，感触甚深，意犹未尽，以后会在别处再写——当然不涉及济安。前信所云捣乱，现在更闹得不可收拾，明天也许要到华盛顿去一趟。感冒早愈，刚才赶着覆了宋夫妇的信，很累，现在出去寄信，过天再谈。

爱玲

十月十三晚（一九六六）

【按语】

载有“悼念夏济安先生”特辑的那期《文星杂志》一九六五年五月一日出版。爱玲于十月十一日看到了该期特辑后，对我那篇《亡兄济安杂忆》感触特别多，“匆匆写了封信”给我，而此信我竟未收到，很奇怪。该文引录了我于一九四六年写给济安的一封信，直承“我们少年时代生活的空虚”，爱玲对此有同感，才给我写信的。《杂忆》此文早已收入《爱情·社会·小说》（麦田，二〇〇七重版），一九四六年那封《致济安书》全文见《夏济安日记》（九歌，二〇〇六重版）。《文星》那期特辑另载有陈世骧、王敬羲、庄信正、吴允绚的四篇悼文。

张爱玲心情好，我就同她谈起电影来。看了不少黄梅调的古装爱情片，能看到一张《养鸭人家》，我觉得很不容易，特别向她推荐了该片导演李行。那年台北国联影业公司正在大捧它的新星五凤——江青、汪玲、甄珍、李登惠、钮方雨。江青脱离影坛后在纽约居住的那几年，我同她有些来往。汪玲人很美，但她主演的影片我一张也没有看过。

23

志清：

附上《皇冠》收条。此地已经大雪。这里的事不会联下去的，因为我太不会跟人周旋，除 Prof. Badgley 外也没有别人有真正的接触，他也就要走了。最初上两课是 Badgley 的学生，他对我很失望。后来好点，但也还没摸着窍门。Ferd 久病，我在华盛顿替他安排的统统被他女儿破坏了，只好去把他接了来，预备在附近城里找个公寓给他住着，另找个人每天来两次照料，但迄未找到人，在我这极小的公寓里挤着，实在妨碍工作，与在华府时不同。《怨女》抄到现在还剩两章。你给讲成的出书条件已经非常好了，就是这样。平君代接洽摄片事，如果成功固然对书的销路有点帮助，似乎无论如何应当给他与你两份 commission。我知道你不用赚外快，但是也可以给令媛买点小东西。好在到时候再说。江青外型太差，虽然演过《西施》，我认为她红不起来的，恐怕影响片子卖座。当然这是他们公司的事，我不会干涉的。汪玲与国联的纠纷我最近读到。其他三凤我没什么印象，有便或可请他们寄一本有她们照片的电影刊物给我，这是看不到影片无可奈何中的办法。胡适题《旋风》的话我看过，觉得他不怎么喜欢那本书。我别的作品他也都不喜欢。我小时候受我母亲与姑姑的privacy cult影响，对熟人毫无好奇心，无论听见什么也从来不觉得奇怪，“总有他（或她）的理由。”对济安因为难得看到这样多方面从不同角度写他的文字，成了特别立体的书中人物，所以大感兴趣起来，感想很多。你母亲是不是这次见到你才知道他的噩耗？但“世姐”在我已经觉得是美人，你们兄弟眼界之高实在令人咋舌。你说那次在你们家聚会后向往那位宁波小姐，情调很浓，如在目前。宁波人漂亮的多，如王丹凤，我想是沿海史前人种学关系。胡兰成书中讲我的部分缠夹得奇怪，他也不至于老到这样。不知从哪里来的quote我姑姑的话，幸而她看不到，不然要气死了。后来来过许多信，我要是回信势必“出恶声”。绍铭他们对我热心，是我受济安之赐。如果自己不努力，他们迟早会对我失望的。

爱玲

十一月四日（一九六六）

周翔初因为你与绍铭托他，对我照应得很周到，但并不friendly。

【按语】

早在六〇年代初期，有一两个暑假周翔初住在哥大附近，我即认识他了。一九八一年我在哥大开了一个暑期研究班，规定只录取非主修中国文学的教授十二名。周翔初那时仍在迈阿密大学教书，也在录取之列。但暑期班结束之后，他不再同我有任何来往，爱玲觉得他“并不friendly”，我想是有其事实根据的。先前才知道，他跟马逢华原来是大学同学，至今还是好友。

我同爱玲无话不谈，大学毕业后我在上海、北京爱上了两个女子的故事也吐露给她听了。二人都算不上是我的女友，因为从未单独 date 过。那位宁波刘小姐即在一九四四年夏天我初会张爱玲的那个下午认识的（见《华丽与苍凉：张爱玲纪念文集》页一三〇）。爱玲看信不太仔细，我家里来一个客人都嫌太挤，哪有可能开派对？派对召集人乃那年刚毕业于沪江英文系的章珍英女士，家住旧公共租界巨籁达路六六一号。刘小姐同年毕业于圣约翰大学英文系，想必是她的好友。这位刘小姐，大陆开放后，与其夫婿来美依亲，住在纽约，我们每年在中国城的饭馆见两次面，她二〇〇五年去世，我因做肠镜检查，未能参加她的葬礼。

一九四六至四七那年，我在北大只教一门大一先修班的英文课程。我爱上的那位但小姐却在另一个先修班上，我无福教她，也就失掉了同她多有接触的机会。她的父亲乃名导演但杜宇，贵州人；母亲乃苏州美人殷明珠，当年红星。自思像我这样一位苏州才子兼影迷（虽然不常看国片）去追求他们的女儿，真是配极了，但对方不为我所动，有什么办法？一九五二年夏天她的妹妹但茱迪（Judy Dan）以“香港小姐”的身份来加州竞选“世界小姐”（Miss

Universe），结果名列第四，美国中文报纸引以为荣，到处都见到她的照片。连我在康州新港也见到了，写封信去问她姊姊的近况。那次给爱玲的信上，我说“世姐”第四名远比不上其姊姊漂亮，这完全是情人眼里出西施，与眼界高低无关。我在这里既讲起了两位我所爱慕的女郎，一有空当写两篇散文去好好追忆她们，刘、但二妹的芳名也就暂不宣布了。

24

今天再度拿去复印，先还打电话去问准了可以，去了又说机器坏了，要等过了周末，看星期一是否能修好，而且也许要印两天之久。这小说厄运重重，不留个副本，在这风雪天实在不敢航空寄出，否则又出什么花头，几个月工夫都白费了。没办法只好再等几天。

二日夜

今天星期二，终于印完副本。得到消息，英文本将在英国由Cassell出版，代理人想乘此再试试Scribner。这里上课我已经习惯了，但是他们又出难题目，要我写篇论文在*Kenyon Review*之类发表，再在此地读出来作为演说，以资宣传。虽然题目是我自己感到兴趣的，不费上许多时间，投稿也拿不出手去。过天再谈，祝

好

六日夜（一九六六年十二月）

【按语】

信二十四只剩了写在一张洋葱纸上的两个“附启”（postscripts），爱玲署名的那封主要函件反而找不到了。十一月四日寄出的那封信二十三刚说起《怨女》“抄到现在还剩两章”，信二十四一定在抄好此二章之后才写的，嘱我书稿看后，即交呈平鑫涛。早一年爱玲航寄的《怨女》书稿，宋淇夫妇竟未收到，所以这次寄稿前，她一定要留下一个副本。

迈阿密大学规模虽较大，声望却远比不上同州一家只收男生的垦吟学院（Kenyon College）。该校教授，名诗人、诗评家兰荪（John Crowe Ransom），早于四〇年代创办了一份《垦吟季刊》（*Kenyon Review*），极受学界重视。它是“新批评”派学者、作家的主要园地，因之迈阿密大学期望张爱玲能在《垦吟》或同类季刊上发表一篇论文，为学校增光。

一九四七年十二月，我刚到美国即去找兰荪。没有他那封写给勃罗克斯教授（Cleanth Brooks，他的学生兼好友）的信，我不可能翌年春季即进了耶鲁。一九六二年春，我在哥大宣读了一篇论《中国短篇小说中的社会与自我》的讲辞，同年暑假即由《垦吟季刊》刊出，主要让我的恩人，早已告老杏坛的兰荪教授，有机会看到我的一篇文章，也让他知道我在哥大已有了终身职了。

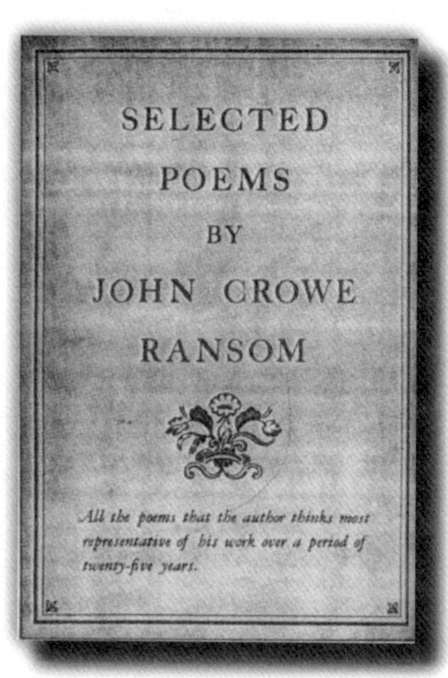
SELECTED
POEMS
BY
JOHN CROWE
RANSOM
All the poems that the author thinks most
representative of his work over a period of
twenty-five years.

《兰荪诗选集》

25

志清：

这两天我正在改《十八春》（题目也不能不换一个），重抄部分需要印个副本，又要耽搁些时候。如果你预备在明年一月内离开台湾，望来张便条或明信片通知我，不然也许寄到了你已经走了。《皇冠》除非已经寄来，请不要跟他们要。另一本我也只看了别人的小说，自己的根本看不下去，随手一翻就看见脱落的字句。也请千万不要跟平君讨还《怨女》稿子。我搬来搬去次数太多，有两篇没发表的短篇小说稿子都遗失了（不止一份），何况其他。你讲《西厢》的文章我一直想等你回美后请你寄来给我看了再寄还，讲旧小说的书等出版了也借给我。《说唐》等是另一篇？电影剧本不给 commission 我是实在觉得情理上不对，否则也就不提了。以前宋奇经手的事，我也只有《赤地之恋》电影版权卖给中影那次给了 commission。我知道你是不愿意要，目前我本来不想再说了。我还有个更实际的理由，是《十八春》的戏剧性强，拍电影可由一人兼饰姊妹俩正反二角（当然等你看过后再说），但是你一共才在远东这么点时候，怎么能让你百忙中还为这种事奔走？至少这件事上稍微营业化一点，免得我太于心不安。

海外的 commission 向来是 20%，所以希望你与平君都拿个 10%，你临走可以托他。这件事不能找宋奇，他为了从前我写剧本的事夹在中间受委曲，后来他离开电懋后，又因为我有个老同学的丈夫在电懋，叫太太找我写剧本（夫妇与陆运涛同坠机死），更生了气。——他最近来信建议《十八春》也港台同时连载，可以早点预备起来。我回信说你代接洽的稿费高些，如果香港给得少，台湾会不会不高兴？等我写信去让你跟他商量。你这一向如果没有空写信，等见了面再跟他谈也一样。这件事我别的都不在意，不希望太费事。祝

新禧

爱玲

十二月卅夜（一九六六）

【按语】

爱玲于小年夜写封长信给我，又不少次提到了 commission 这个字。我想她不习惯用中文谈金钱出入的事，用 commission 这个字比较大方一点。故友宋淇、先兄济安都曾为美国新闻处编译了不少书，但他们觉得译介美国文学之精品，是非常有意义的工作，从不因为担任此项工作而有愧于心。我想张爱玲真的因为并无固定收入才去编写电影剧本，也去翻译、节译才华远不如她的中、美当代作家，因之对此项 hack work 有时感到十分厌恶。

她不时在信上提到要给我些commission，我当然不会拿她一分钱的，但她翻译《金锁记》所得的酬劳费可能只有四百美金，连五百元都不到，我总觉得有些对不住她。我编译那册《二十世纪中国小说选》自己没有去请钱，只凭了系主任分配给我的暑期研究费，哪里会够用？

爱玲在信上不时提到要看我的作品。讲《西厢记》的那篇是为熊式一旧译所写的新序，可能赴台前即已写就了。写一篇综论《说唐》等二三十种“战争小说”的文章是我返台那半年的主要工作（该文英文主要标题为*The Military Romance*，因此爱玲在有几封信上称之为“军事传奇”）。此二文的中译本皆见《爱情·社会·小说》。那本“讲旧小说的书”即是《中国古典小说》（*The Classic Chinese Novel: A Critical Introduction*），一九六八年才出版。也在留台期间，我把全书校订竣工的。这本书的中译本不久将由《联合文学》出版。

26

志清：

你右手装着 cast 还写信来，我真不过意到极点。平君当然是始终认为我所谓“改”，不过是要求加价而已，拿到改正本一看，也看不出什么分别来。我起初着急是阻止他出书，并不是急于要他出。现在连载后 the damage is done，根本几时出书我完全不放在心上，请你看情形，在离台前如来得及，请把稿子先拿回来。找不到他就请留下句话，叫他挂号寄港。拍电影的事他如不提也再说了，国联想也在风雨飘摇中。如果你还没跟他见面，10% 的话也请不要跟他说，免得像 overeager。《征信新闻》的事，我以前写信给王君是打听稿费，别的都是陪衬，所谓“一两个月后寄来”，是说寄到台湾给你，措辞“婉转”过分了，以致误解为答应一两个月后给他们。这封信写了半天，所以还记得。以前都是叫我姑姑 dictate，我觉得比英文业务信更难写。你如果跟他们讲定了连载《十八春》，当然稿子可直接寄给王君。香港连载我不另托宋奇了，免得又搞出乱子。等你到港跟宋奇谈过，以后港方有了连载处，再把稿子分寄港台，（宋家另有本单行本可用），可以同时登。《十八春》单行本也可以等登出后，平君如有兴趣再说。电影刊物收到了，谢谢。

今夜赶出去寄这封信，大概寄到你刚走。希望手臂早点痊愈。

爱玲

一月十日（一九六七）

【按语】

我们住在金华街寓所，房东每星期派人来上蜡一次，藉以保护地板。对我来说，这也无所谓，虽然上了蜡，地板太滑，行走总得自知小心才对。在不出一月即将飞港的一个晚上，我不慎滑了一跤，右前臂虽不太痛，显然受了伤。浴缸里泡热水无效，只好于午夜之后到有名的中心诊所去照 X 光，为右前臂上了石膏，因之少说也有两个星期不便写字、打字。

我那篇《战争小说》论文早已讲定要于一九六七年正月下旬在百慕达（Bermuda）一个中国文学会议上宣读的。被邀参与此会的同行，诸如陈世骧、刘若愚、白之（Cyril Birch）、韩南（Patrick Hanan），皆是头挑人选，这几位学者，只有刘若愚在爱玲的信中没有提到过，故先介绍一下：刘若愚是 Stanford 的教授，以 *The Art of Chinese Poetry* 成名，一九八六年因食道癌过世，当年与我有“东夏西刘”之称。原先我在离台前即可把自己的论文打好印出的。右手不管事，抵达香港后我才去找专业打字员把论文打出，再复印十多份自己带去分送与会人士。从台北飞返纽约，我原想先在香港休息两三天，想不到会如此紧张忙乱。

27

志清：

你上月底在 Bermuda 开会，现在想必已经回纽约了。这个天到 Bermuda 太理想了，你的手臂也凑趣，早已好了。离台前末了一封信上说到香港跟宋奇说我的小说拍片事，我不想找他，因为他如果有意拍，早就跟我说了，直到最近对这件事的态度都彼此心照。我不是不愿意求人，但是总要有点可能性。最近我还写了封信给 Franz Michael，寄了两篇旧作给他。昨天收到宋奇二月五日的信，说卧病一个月，不知道你在港有没有跟他见面。我要给 USIS 改译《浪淘沙》——这本小说你在台湾看到没有？我对那材料极有兴趣——要等离开这里以后再动手，所以写小说外的 hack work 也有在那里。《皇冠》的合同，我的意见完全跟你一样，退了回去，照你说的写信给平，迄无回音。我信上又叮嘱他空邮寄给我自己校一次，想必不至于不寄来就在阴历年底出版。《金锁记》已经译完。绍铭要叫他的秘书另打一份，以便复印分发给学生，所以我索性把草草打出的稿子寄给她打，把第一个 carbon copy 给我，或是复印本，看哪个比较清楚。今天刚寄出，等打完了寄还给我看一遍再寄给你，每次空邮要三四天，恐怕月底来不及，要到下月初，希望不太误事。你看了请尽管改，名字的romanization大概也有许多拼错。没用你那本书，日内就寄来。下礼拜四要到芝加哥去一趟，Radcliffe的dean路过，约在机场见面。下月发表后不论吉凶马上写个便条告诉你。祝

好

爱玲

二月十六夜（一九六七）

【按语】

我初游香港，虽不见什么人，同沪江老同学陆文渊、北大旧交程靖宇久别重逢的情形却是记得很清楚的。此二人同悌芬兄一样，我来美后就一直同我信札不断的。我记忆中没有一个同宋淇重聚的镜头（一九七〇年春我住在中文大学两三个月，才日常同他见面），真很可能因为他“卧病一个月”，我就不便去惊动他了。我在写悼念悌芬兄文章之前，当把他给我的信件，从头至尾看一遍。

刘绍铭是《二十世纪中国小说选》此书的助理编辑，所以甘愿把《金锁记》译稿重打一份，也有权利把它复印多份，分发给他的学生。

《浪淘沙》当年走红期间我未看。这次从哥大图书馆借出，也只把全书粗略翻阅了一遍，倒是我的另一半王洞把它细细看了，

认为是部十分感人的好书。《浪淘沙》扉页上印有于右任（1879—1964）的题字，我认为非常难得。小说一九六四年十二月出版，而书法大家于翁早一月即已过世了。一般大陆知识分子，逃出竹幕才不久，决不会贸贸然向台湾的“国府元老”索字的。小说的主角既姓于，我想作者本人虽署名江文，同于翁很可能有些亲戚关系的。

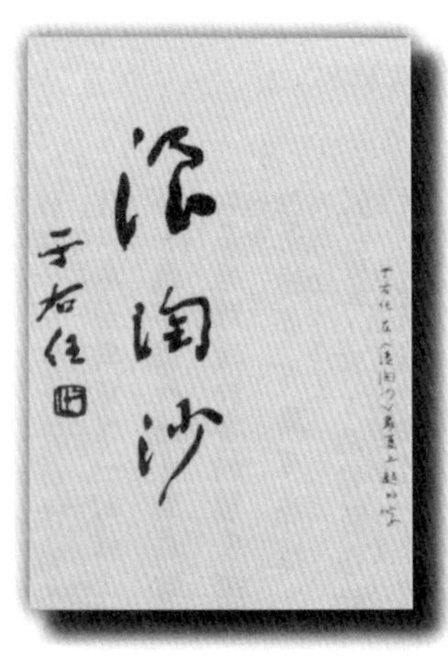

28

志清：

绍铭的打字员暂时没空，所以我自己在打《金锁记》译稿——幸而自己打，又捉出一些不妥处。现在刚打了一半，耽搁你的事真对不起。Radcliffe 事已成，今天有信来，要暂时“保密”。《秧歌》、汉明威一文都收到了，平鑫涛的合同也签了。过天给你写信，先来张便条。你刚回来忙，又还要到 Wesley 去，也请等空一点再来信。

爱玲

三月十日（一九六七）

【按语】

张爱玲信上的英文字，绝少有写错的。这封短信上她把 Wellesley 写成 Wesley，倒情有可原。麻州韦尔斯利女子学院（Wellesley College）只此一家，宋美龄、谢冰心民初即毕业于此，因之校名国人知者甚多。韦斯利（John Wesley，1703—1791）是英国美以美教会（Methodist Church）的创立人，以韦斯利（Wesleyan，Wesley）为名的美国大学、学院（原先想都是美以美教会创办的）至少有四家。宋家三姊妹都上过乔治亚州的韦斯利女子学院（Wellesley College）。美龄在此读了一年（1912—1913），即转学韦尔斯利学院。因之爱玲不慎，也会把二校名称混淆的。

一九六六～一九六七那一年，宋美龄基金会同另一个校友基金会在韦尔斯利学院举办了一系列有关中国文化、历史的演讲。我也在被邀之列，因之百慕达回来后，我即在赶写一篇本学期即要在该校宣读的讲辞，标题为《现代中国文学感时忧国的精神》（*Obsession with China: The Moral Burden of Modern Chinese Literature*）。后来我把该文收入《中国现代小说史》第二版，想不到大受欢迎，在同行心目中，这算是我的一篇代表作了。

29

志清：

匆匆赶寄来，也已经晚了半个月。事实是译了不少时候，来此后此外不过做了些零碎事。遇有译得不确切或文法错处（已捉出不少）请径自改动，千万不要再跟我商量。最好在哪里注明是一九四三年写的，否则“三十年前”云云，实是五十年前，时代不对。

爱玲

三月十四（一九六七）

【按语】

爱玲寄来的当然即是《金锁记》的英译稿。

志清，

匆匆趕寄來，也已經晚了半个月。事实是譯了不少时候，来此後此外不过做了些零碎事。遇有譯得不確切或文法錯處（已提出不少）請逕自改動，千万不要再跟我商量。最好在哪裏註明是1943年寫的，否則「三十年前」云云，實是五十年前，时代不对。

爱玲 三月十四

30

志清：

刚收到你廿日的信，想不到害你特到邮局去拿那份稿子，添出这些麻烦，而且刚赶着这两天你家里有事，你太太生hepatitis吓了我一跳，你从前寄给宋奇那张小照片上她的健康美如在目前。希望快点康复。《金锁记》说实话译得极不满意，一开始就苦于没有十九世纪英文小说的笔调，达不出时代气氛。旧小说我只喜欢中国的，所以统未看过。你诧异我译得快，所以我说费了不少时候，并不快。匆匆写这封信来的原因，是请你绝对不要Asian Society贴补稿费。我只希望你随时替我留心发表东西的事——东西在哪里是个问题，以后会随时报告。Radcliffe因为Ferd的病，由commute改为住在Cambridge，所以由三千加为五千一年，要到下月初发表。在我看来译这种书是较有前途的事，不像在这里不过是绍铭挑我赚了笔钱。Merle Goldman我去年夏天就等着看她将出版的一本讲一九五七后中共作家的书。我也知道Benjamin Schwartz非常出名。你的《中国古典小说》与最近的演辞集与《军事传奇》一文我都想看，虽然不想保留，以后希望都寄给我看。《十八春》改写部分一直没空抄，正要动手。王鼎钧没有来信，一方面宋奇说设法港台同时出版，港方他还没有找到地方。我正想给王写信，今天看到你剪的目录，《笑声泪影》一定就是《十八春》，头痛到极点。只好托宋去找来看看。或者还可以先在台出版。《秧歌》《赤地》再版要得美新处同意，已写信去问。宋奇出主意叫我写篇忆胡适的文章，现在可以译《海上花》，就又有话说些。也许将来可以转载作《秧歌》序。陈纪滢听说是台北一霸，一定要去拜望他，幸而我那次只耽搁了一两天，没去。令媛没在台进学校？祝你太太好。

爱玲

三月廿四日（一九六七）

【按语】

台港报馆、杂志社、出版社每有稿费、版税寄来，必寄挂号信，多一层麻烦。其实此类信件，只要地址没有写错，一定寄到，实在不必挂号的。爱玲寄我一包《金锁记》译稿，想是挂了号的。那天我们夫妻都不在家（卡洛想是进了医院了），邮差在信箱里放了一张黄色通知单，再把邮包带回邮局，由我自己凭条去领取。我在信上如实告知了爱玲，她回信表示心里有些不安。

在香港那两三天，我们住在弥敦道一家旅馆里，晚饭后在大道上散步，逛逛那些店铺也很有意思。程靖宇兄一定要为我们接风，即在大道横街的一家海鲜馆子用餐，倒也很有情调。但他点了一道菜，由我们自己把蛤蚝等物放在暖锅里烫熟了吃。我吃了没有事，卡洛可能人太累了，多吃了半生不熟的海鲜，一两月之后竟在纽约发病了。亏得她患的肝炎不太严重，住院多天，再静养一段时间，也就痊愈了。我至今认为蛤蚝生吃是天下第一美味。但年纪大了，身体又不好，现在不敢吃了。

Merle Goldman的第一本书叫*Literary Dissent in Communist China*，哈佛大学出版所出版。我自己那本扉页上写的日期乃一九六七年六月，爱玲来信时想尚未出版。哈佛教授史华兹（B. Schwartz）的确“非常出名”，但他汉学训练不够，也很吃亏。普林斯登教授牟复礼（F. W. Mote）汉学根柢深厚，曾为史氏综论中国上古思想的一本大书——*The World of Thought in Ancient China*（一九八五）——写了一篇严正的长评，读了不由我不叫好。该文载《哈佛亚洲学报》五十卷一期（一九九〇）。

《笑声泪影》应作《笑声泪痕》。这本冒用张名在香港出版的小说并非《十八春》。张曾发表过一篇《关于〈笑声泪痕〉》，已收入《续集》。

张爱玲曾节译过陈纪滢的长篇小说《荻村传》，题名为*Fool in the Reeds*，一九五九年九月由香港Rainbow Press初版。爱玲一九六一年秋访台，避不了要和陈先生见面的，但她提前去了香港，也就没有去“拜望他”。关于那次台港之行，可参阅《张赖》第八章。

志清：

剛收到你廿日的信，想不到害你特到鄭為去拿那份稿子。還累[illegible]這些麻煩，而且剛趕着這兩天你家裏有事，你太太生 hepatitis 嚇了我一跳。你從前寄給宋淇那張小照片上她的健康美如在目前。希望快上康復。「金鎖記」說實話譯得極不滿意，一個好就苦於沒有十九世紀英文小說的筆調，達不出時代氣氛。舊小說我又喜歡中國的，所以繞來看述。你說要我譯得快，所以我說費了不少時候並不快。我之寫這封信來的原因，是請你絕對不要 Asian Society 貼補稿費。我又希望你隨時替我留心發表東西的事——東西在哪裏是個問題。以後會隨時報告。Radcliffe 因為 Fund 的病，由 commute 改為住在 Cambridge，所以由三年改為五年一年，要到下月初赴

三　曼哈顿，一九六七年四月～六月

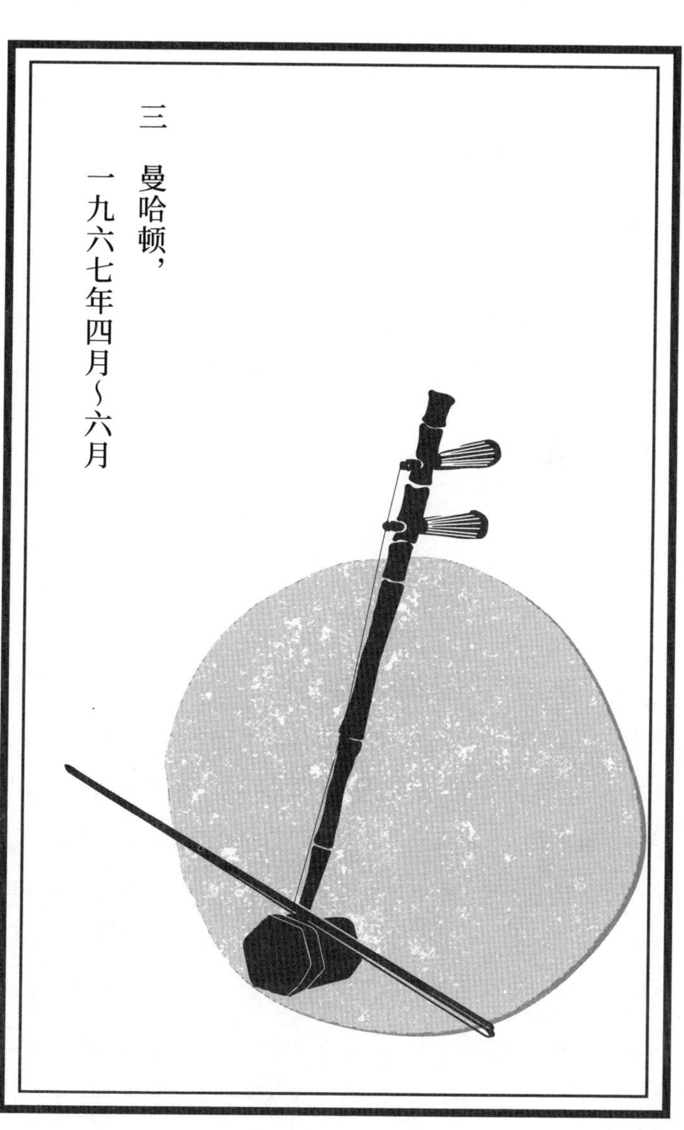

31

志清：

我十八日离开Ohio，到纽约暂住两个月，有些小毛小病要找医生。短期的公寓难找，在这家旅馆里租到了一个：

Hotel Alamac, Rm 730

71 Street & Broadway

New York City 10023

临走把《十八春》抄好复印了一份。宋淇对这故事特有兴趣，曾说要代接洽港台连载事，那是发现香港有《笑声泪痕》之前。临行匆促，东西太多，带来带去恐遗失，也已经来不及写信问王鼎钧，贸然寄去又感踌躇，所以把一切接洽经过告诉了宋淇，两份都寄去托他处理。刚寄出，收到王敬羲信——他本要再版《秧歌》，美新处现已同意《皇冠》再版——提起宋淇开刀，早知道我决不会夹忙里还去麻烦他这些。另外还问宋《海上花》在港或台容易买到，现在也不托他了，想起你有书商目录，不知道可有办法代买？不忙，七月才需要。你太太不知道好了些没有？想已

出院。我搬家累着了，一只脚扭了筋，很不便。匆匆祝好

爱玲

四月廿九（一九六七）

32

志清：

收到信知道已经去信代买《海上花》，希望买得到。在华盛顿演说可满意？星期六中午我没睡醒，忘了在电话上告诉你，脚一好一只眼睛就出血，在华盛顿看医生的，说不要紧，隔二小时滴次眼药，这两天已经快好了。下午赶出去买件 wash-&-wear 黑衣服，前几天打电话定下来的，全城只有这一件够小。星期一、二都约好去看医生，以后还要去许多次。天天从下午忙到天亮，虽然想听唱片，也想到府上见你太太，都只好搁下来，自己朋友，想你不会生气的。千万不要买笔给我，你已经给了我这么多，我对不知己的朋友总是千恩万谢，对你就不提了，因为你知道我多么感激。匆匆祝

好

爱玲

五月十四（一九六七）

【按语】

张爱玲四月十八日离开牛津，准备在纽约“暂住两个月”。

她已申请到了赖氏女子学院研究所（Radcliffe Institute for Independent Study）的一笔奖金，七月一日开始英译《海上花列传》。按理，她应在六月底之前即已迁往麻州康桥（Cambridge, MA），在曼哈顿的日子正好是两个月左右。

在纽约期间，爱玲一共给了我两封信。我收到第二封信之后，才去Alamac旅馆拜访她，也一共看了她两次。首次，“於梨华也跟着去，三人谈得甚欢。我说即在她公寓式旅馆的附近，有家上海馆子，周末备有小笼包子、蟹壳黄等点心，要不要去尝尝。爱玲有些心动，但隔一两天还是来电话邀我到她公寓房子去吃她的牛酪饼干红酒。显然她对上海点心兴趣不大，而且对我的洋太太、女儿长相如何，一无好奇心”（录自拙文《超人才华，绝世凄凉》，载《华丽与苍凉》页一三一）。我性颇好客，不论有朋来自远方或近郊，我都要请他好好吃一顿，才算略尽了地主之谊。虽知道她脾气怪，爱玲不肯赏光，我仍免不了有些失望。

但按照於梨华的记载（她那篇《来也匆匆……》也收入了《华丽与苍凉》），我们三人那时节的确在百老汇九十一街“全家福”吃过早点的：“别的不记得了，只记得她吃扬州汤包时十分缓慢。一顿早餐，只吃了两三个汤包，喝小半碗豆浆。”（同书页一四九）在这里，“吃早点”当然是指brunch，即在午饭的时候，点些习惯在早晨吃的食品。“全家福”十一点钟才开门，张爱玲最早中午才起床，於梨华那时住在皇后区边郊，赶来纽约市上城，也要好一段时间，台湾式带朋友吃早餐的习俗，在曼哈顿是行不通的。

於梨华虽把张爱玲用餐的样子，记得清清楚楚，我对那次三人小聚却一点印象也没有，虽然一九六四年三月在华府的那次香槟酒会我至今还是印象深刻的。按照我的推理，张爱玲既鼓足勇气在电话上辞掉了我的邀请，她决不会接受梨华同样的邀请，否则她在餐厅里见到了我，岂不要受窘？但於梨华是小说家，年纪比我小了十多岁，记性也该比我好得多，她那段记载我想一定有其事实根据的。有可能她真请到了爱玲吃早点，而我并不在场，或者陪客是另外一个人，也说不定。据我的学生杨庆仪说，我当年在课上提到请不到张爱玲吃早餐。

根据邝文美一九七六年三月二十五日的信（见《小团圆》，皇冠，二〇〇九，页七），王洞误注“爱玲到纽约是来打胎的”。感谢蔡登山先生指正，爱玲来纽约打胎应在一九五六年七、八月间（见《联合文学》，二〇一三，页九十九）。此次爱玲来纽约住两个月，我想主要是看病。看样子她并无长期的医药保险，每有病痛必要到公家医院去找医生治疗，花费的时间特别多。因此她在第二封信上对我说，“星期一、二约好去看医生，以后还要去许多次”，情形已同后来在洛杉矶的那几年相仿：不断为了去医院、上诊所而浪费时间、消耗体力，身上那些病痛也就跟着变得更顽劣难治了。

志清，

收到信知道已經去信代買了海上花，希望買得到。在華盛頓演說可滿意？星期六中午我沒睡醒，忘了在電話上告訴你，腳一好一隻眼睛就出血，在華盛頓看醫生的，說不要緊，隔二小時滴次眼藥，這兩天已經快好了。下午趕出去買件 wash-&-wear 黑衣服，前幾天打電話定下來的，全城只有這一件夠小。星期一、二都約好去看醫生，以後還要去許多次。天天從下午忙到天亮，雖然想聽唱片，也想到府上見你太太，都只好擱下來，自己朋友，想你不會生氣的。千万不要買筆給我，你已經給了我這麼多，我對不知己的朋友總是千恩万謝，對你就不提了，因為你知道我多麼感激。匆匆祝

好

愛玲 五月十四

张爱玲给我的信件

四 麻州康桥，一九六七年六月～一九六九年六月

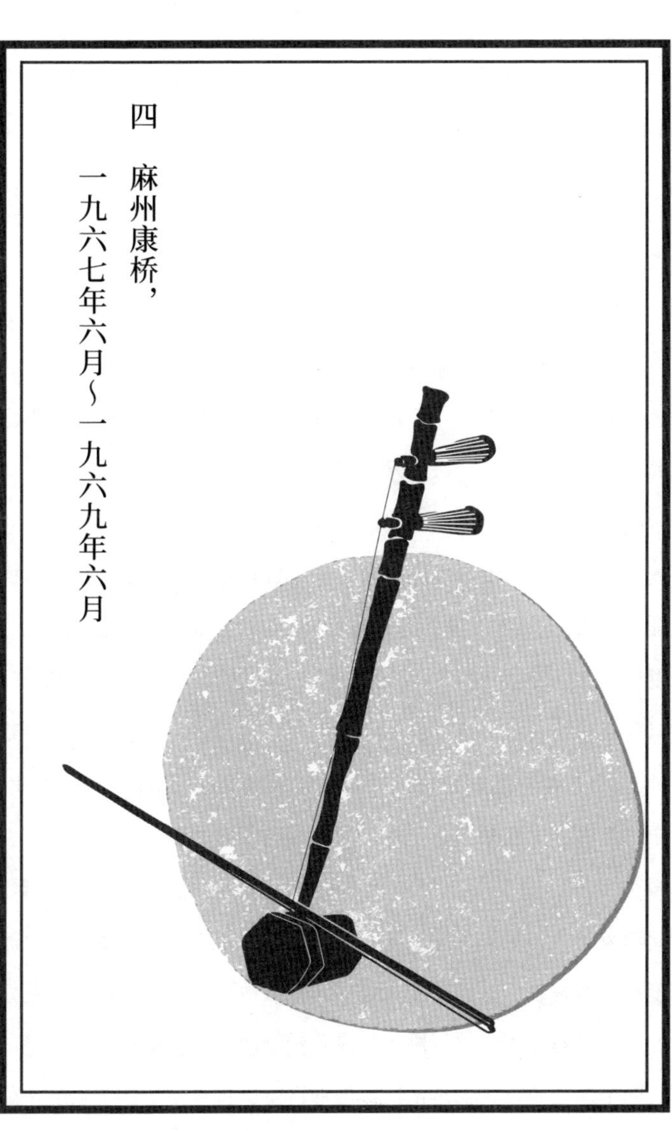

33

志清：

Ferd 八月底搬来，上月突然逝世。收到九月十六的信迟未作覆，想必你会原谅。这一向赶着译完《浪淘沙》，为了改写的部分麻烦，一再耽搁。宋奇来信说又不舒服过，影片公司的事已辞去，后来好了些，可以做点轻松的工作。我向来有事就写信，没事一两年音讯不通，也仍旧常在念中。《十八春》大概一月起刊。我对于这些没有时限的事完全不放在心上，反正他们把清样陆续寄来，《秧歌》我认为不必再校，也没空看。后来看《怨女》，发现“你”字改为“妳”（从前有人写过，说有“妳”就该有“娥”），只好又请他们把所有别处的“妳”也统改回来。想必使人头痛万分。《十八春》原稿跳来跳去，不自己校更会脱落整段。倘来不及，宁可且慢登。我最不会交际，只有非去不可的地方，当作业务去报到。Mrs. Goldman 的新书我不知道，另一本也忙得没去找来看。此地算是“如果非常想见什么人，可代介绍”，但是我发现自己没有东西发表，见面毫无益处，即使谈得来，人家也还是怀疑你的见解没有根据。陈纪滢的信已收到，谢谢。我搬过家，住址如信面上。绍铭信正的事都这样顺理成章，可喜可贺。《海上花》

先译十回可告一段落，打出来，但是也还待改。匆促间先把这封信寄出，实在耽搁得太久了。祝

好

爱玲

十一月廿五（一九六七）

【按语】

爱玲上一封信是五月间在纽约寄我的，此信十一月廿五日才寄出，而且算是收到九月一封信后给我的回信，时间上已隔了半年了。爱玲自承“我向来有事就写信，没事一两年音讯不通，也仍旧常在念中”。但赖雅八月底搬来康桥，十月八日即“突然逝世”，她当然心境不好，再加上为了处理先夫后事，同其女儿露斯（Ruth）发生了冲突，也就更无心情同朋友通信了。

赖雅搬来后，爱玲即于九月迁居康桥新址83 Brattle Street，西迁加州之前也就没有再搬过家。但她于六月底、七月初即已搬居康桥，有了新址后一定也会给我一封信的，此信及我的回信皆已不见。《十八春》改正本那月开始在《皇冠》上连载，正确报道见信三十六。

Merle Goldman的新书即*Literary Dissent in Communist China*，上文已提到过。“另一本”书不知何指。Goldman教授的第二部个人著作*China's Intellectuals: Advise and Dissent*一九八一年才出版。

志清，

Fred八月底搬来，上月突然逝世。收到九月十六的信进来你处，想必你会（原谅）。这一向躁着译完「怨女」，为了改写的部份麻烦，一再耽搁。宋奇来信说又不肯服过，影片公司的事已辞去，后来好了些，可以做点轻松的工作。我向来有事就写信，没事一两年音讯不通，也仍是常在念中。「十八春」大概一月起刊。我对于这些没有时限的事完全不放在心上，反正他们把清样陆续寄来。「秧歌」我認為不必再校，也没空看。后来看「怨女」，发现「你」字改为「妳」。（从前有人写过，说有「妳」就该有「娥」）只好又请他们把所有别处的「妳」也统改回来。想必使人头痛万分。「十八春」原稿跳来跳去，不自己校更会脱落整段。倘来不及，宁可且慢登。我最不会交际，只有趁去不可的地方，当作业务去报到。Mrs. Goldman的新

书我不知道，另一本也忙得没去找来看。此地算是「如果非常想见什么人，可代介绍」，但是我发现自己没有东西发表（见面毫无益处），即使谈得来，人家也还是怀疑你的见解没有根据。陈纪滢的信已收到，谢谢。我搬过家，住址如信面上。绍铭信正的事都这样顺理成章，可喜可贺。「海上花」先译十四回可告一段落，打出来，但是也还得改，我想同先把这封信寄出，实在耽搁得太久了。祝

好

爱玲 十一月廿五

34

志清：

你明年教《金锁记》，实在使我惭愧得无话可说。《北地胭脂》已出版寄了来，没有空拆开，过天打开了就寄本给你。祝

新禧

爱玲

十二月廿一日（一九六七）

【按语】

这是写在一张年卡上的。此后因为信写得少了，年卡的数目也就增多。不管大小，每张都是爱玲亲自挑选，觉得我会喜爱的。

志清：

你教（明年）「金锁记」，实在使我惭愧得无话可说。「北地胭脂」已出版寄了来，没有空拆开，过天拆开了就寄本给你。祝

新禧

May the joy of the holidays
linger on
Long after the season has come
and gone

爱玲 十二月廿一日

35

志清：

有一天我在图书馆借书，刚巧在书架上看见 Merle Goldman 的那本新书，借了去看了非常有兴趣，讲罗隆基的部分看得笑了起来，因为我小时候见过他一面，这人笑话很多。我写了封信给 Mrs. Goldman，提起认识你。后来约了在 Institute 见面，那天我又重伤风，打电话去拦住了。一冬天不断的伤风感冒，占掉许多时间，屡次想给梨华写信都没写成，只好过天再写。今天收到通知，下半年可以再领到三千元译《海上花》，因为去年拿的算是 full-time，再续一年只能照 part-time 算。至少可以译完这本书，如果出版，于我总有点益处。所以匆匆告诉你一声，免得万一惦念。祝

近好

爱玲

三月六日（一九六八）

志清，

有一天我在圖書館借書，剛巧在書架上看見Merle Goldman的那本新書，借了去看了，非常有興趣，講羅隆基的部份看得笑了起來，因為我小時候見過他一面，這人笑話很多。我寫了封信給Mrs. Goldman，提起認識你。後來約了在Institute見面，那天我又重傷風，打電話去擱信了。一冬天不斷的傷風感冒，耗掉許多時間，屢次想給秉華寫信都沒寫成，只好過天再寫。今天收到通知，下半年可以再領到三千元譯「海上花」，因為去年領的算是full time，再續一年只能照part time算。至少可以譯完這本書，如果出版，於我總有點益處。所以匆匆告訴你一聲，免得萬一惦念。祝

近好

愛玲 三月六日

36

志清：

昨天写信来忘了提，《海上花》再译一年的事，要等月底他们公布后才能告诉人。又，上次搬家，只搬过一条街，就丢了一匣子书，你讲军事传奇的几篇文章也在内，费了许多事也查不着。所以真不想保留书，等你这本书出版了千万不要给我，请告诉我一声，让我在图书馆借。这里的图书馆买新书很慢，但是可以填张卡片催买。《惘然记》（即《十八春》）二月起在《皇冠》连载。祝

好

爱玲

三月七日（一九六八）

【按语】

罗隆基（1896—1965），哥大政治系博士，返国后在政坛、学界极为活跃。一九五七年大陆反右运动展开后，他被控为反党的右派领袖而大受打击。

《惘然记》在《皇冠》连载了六期（一九六八年二～七月），

出单行本时即改题为《半生缘》。请参阅唐文标《张爱玲杂碎》（联经，一九七六）之《张爱玲小说系年》页一四二。张爱玲对《惘然记》这个标题非常喜欢，一九八三年出本小说集，即称之为《惘然记》。

37

志清：

Rouge of the North 正赶上英镑贬值后的风潮，可能毫无反响。我预备写信去问，顺便再要几本书。Capote 也因为信还没写，书也没寄去。谢谢你叫 *Lit. E. & W.* 登书评和替我介绍编辑。《海上花》如果能由 Columbia Press 出版，你写篇序，那是再好也没有。Harvard Press 是否要出，从未提过。译完了如果要出，他们出过钱，似有优先权，好在这本书决不会赚钱，哥大也不会一定要出，序仍旧要请你写的。我译书剩下来的时间预备写那篇写了不到一半的小说，老搁着一直惦记着。要是再找事，忙不过来反而一事无成。以后想找点小事做，城乡不计，教书不合格，只能碰机会，找不到就再说。《海上花》译本要一两年后出版也没关系，有人出也就是一种 credentials。Mrs. Goldman 没再打电话来（要等她到康桥来之便）。中共问题专家最怕“难民”，因为你的见闻如果可靠，为什么不写，不登出来？这种事我觉得勉强绝对没用，请你千万不要给她写信。我是觉得同是先后 Institute members，不必介绍，不然早就托你了。我越是胃口坏，越是肯费事，加上十几种香料——不辣，很淡，因为这里

的肉、鸡有羶味——虾、蕃茄、厚奶油做的汤，都是当饭的，饭只点缀点缀。一般的中西餐淀粉质较多，我吃了又涨又营养不够，因为肠胃不大吸收营养。等有空还要到中国城去买东西。皇冠的全集已经排好，先在等那篇《忆胡适》做《秧歌》序，我正在写《怨女》序，又叫他们暂缓出版。《中国古典小说》你给我一本也好，留着做参考。祝

近好

爱玲

三月卅日（一九六八）

【按语】

Lit.E.& W. 是 *Literature East & West* 季刊的简称。该刊原由纽约州立大学 New Paltz 分校主办，至今尚健在。我在书架上找到了一九六七年九月出版的一期，发现主编、编辑二人我都认识，我自己也名列编辑顾问，所以有资格向该刊推荐一篇书评。评的书即是张爱玲新出的《北地胭脂》，评者即是我的学生 Susan Arnold。此人聪慧异常，可惜巴纳学院毕业后，即随其夫婿 Zonana 君西赴加州，没有继续进修中国文学。后来《译丛》（*Renditions*）创刊，高克毅兄向我索稿，我想起 Susan 在我班上所译的那篇《三言》小说《况太守路断死孩儿》，只要我加以认真修改，应可发表。改正稿克毅兄看到后果然喜爱，稍加润饰

后即刊之于《译丛》第二期小说专号（一九七四年春）。

爱玲认识的美国名作家极少，一位是小说家马匡（J.P.Marquand），另一位是南方才子卡波特（Truman Capote）。根据他小说改编的两部电影——奥黛丽·赫本主演的*Breakfast at Tiffany's*和讲两个杀人犯真事的*In Cold Blood*——看过的国人应该不少。他早期的一本小说《草琴》（*The Grass Harp*, 1951），一九九五年才搬上银幕，但此类南方背景的小型文艺片不吃香，连我想看也没有去看。

Merle Goldman在近信上已提到过多次。很可能因为她也曾是赖氏研究所的研究员，爱玲才对她及其新书感到兴趣的。

爱玲信上已多次讲到《海上花》及其英译本，但后面信上还有更长的讨论，因之我对此书以及张译英文本、国语本的意见和感想放在后面发表似更妥当。本文读者如尚未翻阅过国语本《海上花》，不妨先买一册来看看。

我保藏的张爱玲函件中，这是寄自康桥最后一封有头有尾的信。她要于一九六九年六月底才能西飞柏克莱，去就任加大中国研究中心高级研究员之职。她在本信里同我谈兴方浓，连自己中西合璧的烹调艺术也谈到了（我国的名厨也不用十几种香料的），绝对不会一下子停笔，一年多不同我通信的。显然，那段时期她寄给我的信，不论多少，都已遗失了。

唯一留下来的倒是我于一九六八年九月七日写的半封信。那时我正在校阅爱玲自译的《金锁记》，不敢擅自改动她的译稿，引录了五处原文及译文，同她商榷。爱玲看后即用黑墨水笔在原信第三页左边一小半、四、五、六，三整页上加些批语、插图寄还给我。原信是用蓝墨水笔（想是派克 61 号笔）写在洋葱信纸上的，信上半的内容当然完全记不起来了。

H1

有四处译文 or 原文意思比较含糊，特地向你请教：

1. ［张短篇小说集］P. 107，“携着四只提篮盒”，P. 108，“……提篮盒上面的一屉酥盒子卸了下来，检视下面一屉里的菜可曾泼出来。”

译文：“carrying four baskets” “her brother's wife bent over the basket to remove the top section with its little pies to see if the dishes underneath had spilled.”

曹大年夫妇带来的是否一只提篮盒，里面装四盒 or 4 sections 食物，还是四只提篮盒。提篮盒究竟是什么样的东西，可否附图说明，basket 是否是最恰当的译名？

2.（同书）P. 113 季泽的一幢洋房……“前年把它翻造了衖堂房子，一家一家收租……”

译文：“I had it rebuilt into alleys, but it was too much bother collecting rent from house to house, dealing with these sub-tenants...”

一幢房子，如何能翻造成“衖堂房子”“Alleys”，很费解。是否季泽把一幢大洋房，convert into 几家公寓房子，or **拆房**，在同一地面上，新建了几条弄堂房子？读原文，这一点可以混过去，读译文，就很有问题，请指示。（编按：“拆房”二字为张爱玲所加。）

3.P.120“下巴搁在心口上”，译文“her chin on her heart”。译文欠通，下巴无论如何碰不到胸口 or heart；“心口”究竟指身体上哪一部分，请告示。

Metaphorical exaggeration.（编按：此句英文为张爱玲所加。）

4.P.126“两人并排在公园里走，很少说话，眼角里带着一点对方的衣服与移动着的脚，女子的粉香，男子的淡巴菰气，这单纯而可爱的印象便是他们身边的阑干，阑干把他们与众人隔开了。”

译文：The two of them walked side by side in the park in the autumn sun talking very little, each with a bit of the other's clothes and moving feet at the corner of the eyes and the fragrance of women's face powder and men's tobacco smell, this simple and lovely impression forming the railings alongside separated them from the crowd.

译文想没有错：粉香和 tobacco smell 是其他公园游人身上所发出来的，把他们一对隔开了，是不是？（No.）or，长安同世舫并排走，他闻到她的“粉香”，她闻到他的“淡巴菰气”，所以他们同其他游客隔开了。（Yes.）“单纯而可爱的印象”是否仅指“粉香”“淡巴菰气”（No.）还是把“衣服与移动着的脚”也包括在内（Yes.）？（编按：“Yes.”“No.”为张爱玲所答。）

5. P. 127，世舫、长安在公园散步遇雨……“隔着半透明的蓝绸伞，千万粒雨珠闪着光，像一天的星。一天的星到处跟着他们，在水珠银烂的车窗上，汽车驰过了红灯、绿灯，窗子外营营飞着一窠红的星，又是一窠绿的星。”

译文：Through the translucent blue silk umbrella myriad raindrops twinkled like a skyful of stars that followed them about everywhere, & *later on the taxi's* glistening window of crushed silver and as the car ran through red and green lights, a nestful of red stars flew humming outside the window and a nestful of green stars.（编按：此段之英文斜体字部分为张爱玲所加。）

这段文字特别美，译文也美。他们二人离了公园，即叫了部taxi，所以能看到汽车窗上的雨珠。在译文中他们离公园后叫taxi的过程要不要说明一下？

我常发现书上有些不清楚的句子（不是晦涩）都被接受，带过去不觉得。我怕人不懂，改了反而clumsy。（编按：此段为张爱玲所加。）

《小说选》还有好几篇译稿得修改，希望Xmas前能把书稿交出。最近赶写一篇《老残游记》的文章，所以特别忙。在印大期间，《文明小史》看了一半，大为满意，觉得是部值得一译的好书。我的书出版后尚无书评，有了一定寄给你。《金锁记》几点小问题希望不久看到指示。近来身体想好，祝

康健

志清

九月七日（一九六八）

【按语】

《中国古典小说》（*The Classic Chinese Novel:A Critical Introduction*）一九六八年由哥大出版所出版。同年我也答应去Bloomington印第安纳大学开一个暑期班，专讲中国古典小说。此班由印大的School of Letters主办，其前身即是兰荪教授一九四九年在垦吟学院创办的School of English，每年暑期请著名教授、批评家来开班讲授文学。那年印大邀我，我认为是一项荣誉，也就欣然前往。但书迟迟未出版，倒让我有些着急。上飞机的那天，我终于在哥大出版所编辑部拿到了一册。到机场办完手续后在候机室坐定，才把新书打开，在其扉页上写下了三行留念：C. T. Hsia/TWA Terminal/N. Y., June 17, 1968。

早在一九六八年春季，我即在从事研究《老残游记》，原想在印大期间把论文写出的，但印大有关晚清文史的资料不多，只好改变计划，多看些同时期的小说。李伯元的《文明小史》看了上半，觉得特别满意，所以在信上提它一笔。其实早在六〇年代澳洲即有一位学者在翻译这本书了，此人乃奥克兰 Auckland 大学教授 Douglas Lancashire，终于在其退休后将全书译稿交香港中大文学出版，书题为 *Modern Times:A Brief History of Enlightenment*（一九九六）。

从印大返纽约后，我又得忙于另一项工作：继续校改《二十世纪中国小说选》的译稿。一大半译者——刘绍铭、叶维廉、水晶、白先勇——原都是先兄的高足，他们目我为半师半友，我可以放胆去改动他们的译文，不必有所顾忌。张爱玲、侯健是我的平辈，前者已出了三本英文小说，后者是台大外文系名教授，我要改动他们的译文，最好先书面征求他们的同意。张天翼的文字简洁有力，不容易译错。侯健兄译他的中篇《春风》，非常胜任，我简直找不到一个在中译英方面，应该同他讨论的问题。《金锁记》的文字难得多，因此张爱玲虽然精通英文，译文方面还会有些问题的。我看了张对五小段文字所作的指点后，再自作决定把译文改善：

1. 爱玲自承把“提篮盒”译错了。提篮果然是 basket，“提篮盒”却并无英文单字可替代。我看了爱玲为此物所画的小图和英文说明，只好把“携着四只提篮盒”译成：

Carrying food in a two-decked set of round wooden boxes

见*Twentieth-Century Chinese Stories*，P. 152。现在想想，原文既写了“四只提篮盒”，曹大年嫂子应该双手各拿一只两屉的提篮盒才对。但小说里七巧只见她嫂子在“检视”一只两屉的提篮盒，我也就假定她只带了一只来了。爱玲在信的正文上只打了一个叉，给我的指示太少了。

2. 关于一幢洋房翻造成衖堂房子此事，张的原文、译文都交代得不够清楚。我按照她的指示，修改原译如下：

I tore it down and built in its place a row of houses. But it was really too much bother collecting rent from house to house, dealing with those tenants; ...（同书页一六一）

3. 因为要把“心口”译成英文，我才想起此词究竟何指的问题来。通常我们看到“下巴搁在心口上”此语，不会停下来想一想的。“心口”在某些句子里当然可译成heart，但在这里译成chest似较妥切。所谓“心口痛”其实就是chest pain或是

pain in the chest。chest 广指胸部，所占的面积要比 heart 大，因此我把“her chin on her heart”改为“her chin on her chest”，虽然写文章考究的人是不会在五个字里连用两个 her 字的。

4. 张爱玲因要忠实原文，把“两人并排在公园里走……”这一长句也译成了一长句的英文。动词只有 walked 这一个，是全句的第五个字，下半句尾大不掉，不免给人有气无力的感觉。为此我并未遵从张的指示，故意把一句译成两句，且把一个比较软弱而带有新文艺腔的词组——“这单纯而可爱的印象”——省掉不译。“粉香”和“淡巴菰气”变成了第二句的主词，两句读起来我自己觉得比原译的一长句简明有力得多：

The two of them walked side by side in the park in the autumn sun, talking very little, each content with a partial view of the other's clothes and moving feet. The fragrance of her face powder and his tobacco smell served as invisible railings that separated them from the crowd.（同书页一八一）

5. 如我所言，世舫、长安公园遇雨后那段文字特别美，译文也美。爱玲虽不想点明二人乘车的事，但还是加了 taxi's 这个字。我自己主要把首字 through 改为 upon，此外还有两处小改动，不妨仍把书上的那段抄下，供读者参阅之便：

Upon the translucent blue silk umbrella myriad raindrops twinkled like a skyful of stars that would follow them about later on the taxi's glistening front window of crushed silver and, as the car ran through red and green lights, a nestful of red stars would fly humming outside the window and a nestful of green stars.（同书页一八二）

雪大中大锦常来的是否一只提篮盒，表面装四盒～4 sections 食物，还是四只提篮盒。提篮盒的究竟是什么样子的东西，可否附着说明、

~~basket~~ 是否是最恰当的译名？

Round wooden box, brownish red-lacquered, 2 tiers, no sections, 16" across, bamboo-slats bottom to prevent [illegible]

handle

2.（同书）P.113 本评的一幢洋房……"前半把它翻造了衖堂房子，一家一家分租……"，译文："I had it rebuilt into six alleys, but it was not much bother collecting rent from tenants to tenants, dealing with their sub-tenants……"

一幢房子，如何能翻造成"衖堂房子("Alleys")"，很费解。是否要译把一幢大洋房房，convert 改成家家的房子，or 在同一地面上，拆房，新建了好像弄堂房子？读原文，这一点可以混过去，读译文，就很大的问题，请指示。

3. p.120 "下巴搁在心上"，译文"his chin on his heart" 译文欠通，下巴无论如何碰不到胸口的"heart"，心口，究竟指身体上那一部门，请告示。Metaphorical exaggeration.

們，在外头眼望着车窗上汽车驶过了红灯、绿灯，窗子外聚了飞着一丛红的星，又是一丛绿的星，

译文："Though the translucent blue silk umbrella myriad raindrops twinkled like a skyful of stars that followed them about anywhere (later twice) in the glistening window of crushed silver, and as the car ran through red and green lights, a hotbed of red stars then humming outside the window and a hotbed of green stars."

上段文字特别美，译文也美。她们二人雨中的公园，所以了都城，行以无锡的汽车窗帘上的雨珠。在译文中她们相约公园后行城的过程不太明说一下。我常发现书上有些不清楚的句子（不是略"[illegible]"一般读者都不懂得。我的人不懂，改了）"小说迷"，还有好些篇译得很好的，希望你们为[illegible]书籍出不 clumsy。

最后，谈些一点，[illegible]……所以特别说。不必太期

~~[illegible]~~"看十年"来了一年，太为麻烦，觉得要我住在一课的书。

我的书出版后[illegible]，有了一定[illegible]，"全[illegible]"

上[illegible] [illegible]

爱玲 九月七日

38

志清：

附上宋淇跟你讲《红楼梦》的信。像看济安跟你的这些信一样，我看了总是有几车话要说，只羡慕你们写信快，像我如果费上许多天工夫写信，想必你们也会说“不必了”。只好等我写的一篇关于《红楼梦》的东西登出来，你看了有意见讲点给我听。我本来不过是写《怨女》序提到《红楼梦》，因为兴趣关系，越写越长，喧宾夺主，结果只好光只写它，完全是个奢侈品，浪费无数的时间，叫苦不迭。上次殷允芃小姐来找我，我那两天正不大舒服，已经回掉了，她又把你的介绍信送了来，所以最后又请她晚上来，也没谈出什么来。我写信到英国去问有没有书评，回说那时候因为英镑贬值，报纸减少篇幅，书评很少，所以一篇也没有，除了几家外埠的简短介绍，与Athens的英文报上有一篇，大概是个英国人写的，大段引原文，除了“unyielding compassion”也说不出个所以然来。Capote的信已经写了，书也寄去，如果一年半载后回张客气的便条，我也会告诉你的。《海上花》序还是希望你写，因为这本书需要解释的地方太多，即使能找个闻人写，不知底细也说得不恳切。我想预先make sure你提一声像中国诗画的手法——也许你本来要说的——因为西方一般似乎对这两项比较懂，尤其是画。听说这里的打字员是个Jane Austen迷，非常喜欢《海上花》，说像Jane Austen，等不及看下文，她只看见六分之一。我只希望她能代表一部分人。这时候我去问他们是否要出，一定还要等看见大部分，事实是这本书的pay-offs都在最后。译完后我仍旧希望Columbia Press考虑出版，反正这书没有时间性。《惘然记》改名《半生缘》，添印在题目页上，恐怕没人看见。这小说像我以前信上跟你说的"婆婆妈妈，长篇大论"。我一直喜欢张恨水，除了济安没听见人说好，此外只有毛泽东赞他的细节观察认真，如船、篮子。等你的书有好评刊出——有些刊物慢——请复印一份，便中寄给我看看，不然我会错过的。祝

近好，前一向哥大闹事很惦念。

爱玲

七月一日（一九六八）

又，八月底搬到同宅较小的Apt. 43。

【按语】

此信我已多年未重看，所叙诸事读来觉得格外亲切有趣。《怨女》中英本皆无作者序，想不到因为要在该书序里"提到《红楼梦》"，才"越写越长"，终于写出一部《红楼梦魇》来。真正

喜欢张恨水的读者，要数她自己、先兄济安和毛泽东三人，这句话想是实情如此，但也富有幽默感。

我一直以为搬进 83 Brattle Street 后，爱玲没有再在康桥搬过家，想不到她会从同楼 Apt. 45 搬到 Apt. 43 的。

一九六八年春，殷允芃先来哥大校园访问我。拿到我的介绍信后她才去访问张爱玲的。允芃访问的不仅是文艺界名人，也有美国各行业里的华裔突出人材，因此她那册《中国人的光辉及其他——当代名人访问录》一九七一年由台北志文出版社发行后，相当轰动。

志清，

附上宋淇跟你講紅樓夢的信。像看濟安跟你的這些信一樣，我看了總是有幾車話要說，又羨慕你們寫信快，像我如果費上許多天工夫寫信，想必你們也會說「不必了」。只好等我寫的一篇關於紅樓夢的東西登出來，你看了有意見講点給我听。我本來不過是寫「怨女」序提到紅樓夢，因為興趣關係，越寫越長，喧賓奪主，結果只好先另寫完。完全是个考據，浪費無數的時間，叫苦不迭。上次殷允芃小姐來找我，我那兩天正不太舒服，已經回掉了，她又把你的介紹信送了來，所以最後又請她晚上來，也沒談出什么來。我寫信到英國去問有沒有書評，回說那時候因為英鎊貶值，報紙減少篇幅，書評很少，所以一篇也沒有，好在這書沒有時間性。「惘然記」改名「半生緣」，還印在題目頁上，恐怕沒人看見。這小說像我以前信上跟你說的「婆婆媽媽，長篇大論。」我一直喜歡張恨水，除了濟安沒听見人說好，此外只有毛澤東讚他的細節觀察認真，如船、籃子。等你的書有好評刊出——有些刊物慢——請複印一份，便中寄給我看看，不然我會錯過的。

祝

近好。前一向哥大鬧事很惦念。

愛玲 七月一日

2. 八日前搬到同宅較小的Apt. 43。

Letter sent from 83 Brattle St. #45, Cambridge to my home, then forwarded to Room 554, Indiana Memorial Union, Indiana U. where I was teaching

39

志清：

自从收到你的书，一直惦记着要写信，事实是上次的信刚寄出就想起来忘了提黄宗英与赵丹在我离开上海前已结婚，吵闹得厉害，黄用剪刀割舌——大概因为没有舌头就不能演戏，是一个演员的自杀方式。赵演武训也仍旧不脱文明戏作风，黄的戏总叫人看着舒服。她跟宋淇从前很好，也听说过。我只在后台看见她一瞥，当然又是惊为惊艳。

你讲宝黛的话完全对，宝玉对婚姻的观念也是你第一个说。我已向宋淇引了一段宝玉说她都是为了不放心，不然这病也不会日重一日。他承认我的《红楼梦》比谁都熟。关于后四十回我不同意，但是看书当然不尽同意，否则还写些什么？收到你的书赶紧翻到这一章，抄下一个书名跑去借——参考书太多，一时不及查是哪一本了。我写的是考据（！？），这两天正在把第一篇赶完，其余还待改。搬家两次伤手，写字不便，所以又更忙些。匆匆先squeeze in这封信。皇冠出的书寄来一包，又已几个星期未拆。等打开了寄点给你。为了省事，把你信上关于《金锁记》部分“加批”寄还。你说的拼音字典下次去查。

上次没头没脑，说请你写《海上花》序时提一声关于中国诗与画的手法，现在趁手边有周汝昌的《红楼梦新证》（有些理论非常可笑，但是这两段我很赞成）抄给你看能否用进去：

“……写人物写风景，同样是无正笔无死笔，总不过是寥寥一二句便足，从来没有所谓大段的‘描写’出现……这种着墨无多，语外传神的技巧，却不是普通的所谓‘描写’，而是与中国旧诗的传统表现法息息相通……”

“……除了后来《海上花列传》一书，专门摹仿，稍得一二分之外，几乎并无第二人。”——十八页。

我没考虑写自序，如果写，也就是《忆胡适》里面讲这本书的话，不会跟你犯重。请有空的时候写，或是记点笔记预备写，把胡适写的也用进去。祝

好

爱玲

九月廿四（一九六八）

【按语】

宋淇同黄宗江是燕京同学，所以很早就认识了他的妹妹宗英。宗英初上舞台的第一部戏，在上海同孚路一家小戏院演出，我曾去捧场，因为宋淇给了我票，而此剧可能就是他自己编的。后来宗英演她的成名作《甜姐儿》，我也去看了。她的确很美，

而且身材修长，表示她在西式家庭长大，营养好。黄宗江大学期间即搞话剧，演、导、编剧皆擅，名声却远比不上她妹妹响。

八〇年代初期，诗人卞之琳、名主编冯亦代曾来美国访游各大学府。二人停留哥大期间，我才知道冯也毕业于沪江大学，乃我的学长。返北京后，冯同我交换年卡没有间断过。有一年，卡上多了一个签名，方知他同黄宗英已结为白首佳偶了。

武训原是个乞丐，靠募捐办学校，算是清代一个了不起的人物。有家电影公司于一九五一年推出一部孙瑜导演的《武训传》，大获好评……此片主角想即是赵丹。国片我看得太少，赵丹三〇年代后期即已享大名，我却从未看过他一张片子。

爱玲收到的书即是英文本《中国古典小说》，想是我印大教书回来后寄给她的。那时候，爱玲一方面在翻译《海上花》，一方面也发傻劲在研究《红楼梦》。去哈佛燕京图书馆查看《红楼》新旧资料如此方便，对她来说，实在是个无法抗拒的诱惑。她收到我的书，赶紧就去翻看《红楼》那一章。我在该章里提到几本书，她就“抄下一个书名跑去借”——看不到这本书她是不会安心的。多少次她在信上提到，收到自己新出的著作，没有时间去拆包审阅。只要身体许可，她是一直在工作的。

宋淇自己也是熟读各种抄本、版本的红学专家。张爱玲谓“他承认我的《红楼梦》比谁都熟”，这句话我想看过《红楼梦魇》的其他红学专家都不敢加以驳辩的。为此，爱玲给我《红楼》那章加的评语，“你讲宝黛的话完全对，宝玉对婚姻的观念也是你第一个说”，看来平淡无奇，其实是极高的赞同。也就是说：同我比起来，前人讨论宝玉、黛玉的话都不能算是“完全对”，也更无前人像我这样讲到“宝玉对婚姻的观念”的。《红楼梦》此章的原文或中译本，我想大多数本文读者都未看过。其实，为了出版《中国古典小说》中译本事，我早已同联合文学出版社签了合同了，但不知如何，我受人之托，总有写不完的文章要写，把自己要办的事反而搁在一旁。这次把张爱玲的信件校注完工后，我一定要专心校阅《中国古典小说》清样，并为之写篇中文新序。

40

志清：

《海上花》有几句，你小时候在苏州，也许懂：

主仆谈钱：“像四老爷，就年势间里多下来用用末也用勿完啘。”（年内？）

打麻将，打错一张，否则“多三副掐子”。（三张相同？）

赌场一客上去摇庄，“身边请出将军”。（骰子？）能自备？

鸨母谈买小女孩是个 gamble，等长大了“真真运气末到哉！人末冲场也无啥，难末生意刚刚好点起来。”（相貌？派头？）

《古典小说》书评请不要忘了给我看看。

Eileen

（一九六八年十一月）

志清：

「海上花」有些句，你小時住在蘇州，也許懂：

主僕談話：「像四老爺，前年勢閙裏多下來用用末也用勿完哚。」（年內？）

打麻將，打錯一張，否則「多三副搭子」。（三張相同？）

賭場一窩上去搖攤，「身邊請出將軍」。（骰子？）能自備？

鴇母說買小女孩是個gamble，等長大了「真真運氣末到哉，人末沖場也無啥，難末生意闖闖好點起來。」（相貌？派頭？）

「古典小說」書評請不要忘了給我看看。

Eileen

Merry Christmas and a Happy New Year

41

志清：

我本来叫《皇冠》刊出《红楼梦未完》后空邮一本给我，预备寄给你看，虽然知道你不研究红学，如果你看着觉得还踏实，我就放心不少。谁知迄未寄来，你倒已经看见了。这两天正要写信给你，今天倒又收到答覆《海上花》几个问题的信。《赌经》等不知道有没有，下次去找。亚东本页数如下：

"年势间里"15回10页

"掐子"26回4页

"冲场"44回10页

"将军"58回5页

打字员一个月后大约可打完译文前半部（下半部删三分之一，短些），稍加整理后寄给你。《忆胡适》上说中国人名难记忆，这一点需要写个短的自序说明（为这问题——在这本书里特别成问题——起初足有两个月无法动手译），别的所有available写序材料都请你斟酌，可用则用，不会犯重。

*Gate of Darkness*收到，看着很高兴，也有点难过。《十八春》我那本拆散了，插入改稿连载，不然寄给你看。末尾改写过，

你猜得很对。叔惠原赴延安，改出国，返沪改胜利后，提早四五年。曼桢世钧重逢本来也是这样，不过写得 perfunctory，没精打采的。最后叔惠翠芝一场没有。翠芝被说服，带着孩子偕世钧曼桢同报名赴东北服务——二女的场面没有，都极简单——一次晚会看表演，遇见豫瑾，与世钧招呼："你也到东北来了？曼桢呢？"世钧说："她也来了，今天有点不舒服，在宿舍里，你待会去看看她，正用得着你这医生。"豫瑾听见曼桢与他同来，以为她离婚后一定与世钧结合了。世钧知道他误会了，忙介绍翠芝："这是我的爱人。"看豫瑾这一会工夫面色倒变了两次。台上正唱得热闹，一回头发现豫瑾已经不见了，去找曼桢去了。——"阿飞"这名词起自飞机头，五〇年间已有。

柳存仁我认识，宋淇也告诉我他要到哈佛来，我已经寄书给他。他那篇《伦敦两个图书馆的中国通俗小说》登在什么刊物上，我想在下一篇提一声作为更正。附上明信片，请找出刊物名字，填上就可以付邮，省得百忙中又要写信。我根本不过年，刚赶完一篇短的关于高鹗的恋史，预备写篇长的关于前八十回改写经过，太长，也许要分两篇，从二尤说起。像做侦探一样，thrilled 得不得了。此外材料很多，你说记性坏，我更坏——所以小说里局面一用再用，有时候有点"似曾相识"，不是你说也不知道——一定要所有的参考书统统摊在面前，所以非要趁这时候赶完，加上译书，实在来不及，忙得昏天黑地。Radcliffe Institute 是

women's club 式的，我又太不会做人，接触虽少，已经是非很多。不但不给介绍什么教授，即使有人问起也代回掉，说我忙。我的 credibility gap 要等研究《红楼梦》的东西登在此间刊物上才会好一点，但是我现在只顾得先写出来，没工夫译。我找事是个 chronic case 而不是急症，也都只好慢慢的再说了。熟人写的书评我不用看了，大概跟我的意见差不多。（你把秦可卿比李瓶儿，再切合也没有。又说作者为了宝黛感情的发展，把这些事统统移前，归入早年，我尤其觉得对。因为与宋淇 argue 秦氏这一点，所以特别注意。）庄信正说他那篇评要寄份给我，又提起三月底和你到 Boston 开会，到后请打电话给我，354-4684，也许可以过来谈谈。祝

69 一切顺手

爱玲

一月三日（一九六九）

又，附宋淇交梨华转来一文。

【按语】

到了一九六八年底，张爱玲已把《海上花》首三十回的译文交人去打字了。假如她不分心去研究《红楼梦》，她应有充分时间在两年之内把这部吴语小说译完的。在连续几封信上她已提到我为此书写序的事了。但序是写给译本读者看的，在尚未看到

整本译稿之前，我是不可能先写序的。信四十一上爱玲说译文上半部打好后“稍加整理”，即可寄我了，但她并未这样做。假如我有她一份《海上花》译文全稿，即使后来她把自藏的那份丢失了也没有关系，书照样可以出版。但不知何故她从未把《海上花》首三十回或全书译稿寄我，我所看到的也即是一般读者所看到的张译首二回及一篇简序，见 *Chinese Middlebrow Fiction From the Ch'ing and Early Republican Eras*（香港中文大学，一九八四）同《译丛》一九八二年那期小说特大号。

为该期写一篇导言的编者即爱玲信上提到的柳存仁教授。他原是北大中文系高材生，曾跟胡适之、周作人以及中国小说专家孙楷第先生读过书。抗战爆发后，不便北上，他即同先兄济安、宋淇、张芝联（光华校长张寿镛之哲嗣，乃西洋史专家）一样，都在上海光华大学借读。该校一时读书风气之盛，可同北京名校媲美。

柳存仁已公认为当代的汉学大师，其《和风堂文集》三巨册（上海古籍出版社，一九九一）最具代表性，让我们看到他治学各方面的成就。存仁兄原先是以治小说起家的，爱玲提到的那册（非篇）*Chinese Popular Fiction in Two London Libraries*《伦敦所见中国小说书目提要》（香港龙门书店，一九六七）乃我当年研究班学生之必读书，我且特为之写了篇书评，载 *The Journal of Asian Studies*（一九六八年十一月）。张爱玲当然是认识柳存仁的，他即是柳雨生，上海四〇年代初期的红作家，以其散文著称。他显然有先见之明，在《说张爱玲》这篇小文里，从头至尾尊称之为“张爱玲先生”“张先生”。此文原刊于柳自编的《风雨谈》月刊一九四四年十月号，已收入唐文标主编《张爱玲资料大全集》（台北，一九八四）。

初中毕业后我即离开了苏州，再也没有回去住过，纯正的苏白早已不会讲了。《海上花》此书爱玲从小就熟读，一年多来又在加以精译，对其文字之了解我当然无法同她相比的。若把年卡上的四小段引文同皇冠版《海上花》的相对部分比较，则至少三个括号里的答案是不必加上问号的：

原书15回10页“年势间里”已改成“每年”（页一六〇B），同原解“年内”相仿。

44回10页“冲场”已改成“外场”（页四一五A）。我想仍指小女孩长大后的“相貌”“派头”。

58回5页“将军”此词未改，但加了一条注：注4即骰子。（页五三四）

只有26回4页“多三副掐子”，皇冠版《海上花》（页二五六A）未加改动亦未加注，我想因为张爱玲自己也不知“掐子”此词何解。括号里的“三张相同”显然不是正确的解释。如有读者确知其义，请函告《联合文学》编辑部转寄给我，我在这里预先道谢。

先兄遗著《黑暗的闸门：中国左翼文艺运动研究》（*The Gate of Darkness: Studies on the Leftist Literary Movement in China*），由我编校加序后，一九六八年秋由西雅图华盛顿大学出版所发行。

又，附宋淇交契華轉來一文。

志清：

我本來以為皇冠刊出「紅樓夢未完」後會寄一本給我，預備寄給你看，雖然知道你不研究紅學，如果你看着覺得還踏實，我就放心了些。誰知這本寄來，你倒已經看見了。這兩天正要寫信給你，今天倒又收到答覆「海上花」幾個問題的信。「賭經」等不知道有沒有，下次去找。亞東本頁數如下：

「年勢回章」15回10頁

「搖子」26回4頁

「沖場」44回10頁

「修單」58回5頁

打字員一個月後大約可打完譯文前半部，（下半部刪三分之一，註完）稍加整理後寄給你。「憶胡適」上說中國人名難記憶，這一點需要寫個短的自序說明（為這問題──在這本書裏特別成問題──起初是有兩個月無法動手譯）得昏天黑地。Radcliffe Institute 是 women's club 式的，（我又太不會做人，）接觸雖少，已經是非很多。不但不給介紹什麼教授，即使有人問起也代回掉，說我忙。我的 credibility gap 要等研究紅樓夢的東西登在此間刊物上才會好一點。但是我現在只顧得先寫出來，沒工夫譯。我找事是個 chronic case 而不是急症，也都只好慢慢的再說了。熟人寫的書評我不用看了，大概跟我的意見差不多（你把臺可像比李範兒，再切合也沒有。又說作者為了宣揚學術的發展，把這些章節移前，歸入早年，我尤其覺得對。因為與宋淇 argue 過這一點，所以特別注意。）莊信正說他那篇評要寄份給我，又提起三月底和你到 Boston 開會，到後請打電話給我，354-4684，也許可以過來談談。祝

好

一切順手

愛玲 一月三日

42

志清：

N'l Endowment for the Humanities此地的Center不知底细，我写信去要章程表格，已经寄来。看来注重urban & minority问题，也就是黑人问题，但是当然仍旧要申请试试。我是U.S.公民。你自己时间不够用，还要替他们担任检查，都是为了帮忙，我实在是从心底里感激到极点。不过三月一日前申请要由机关出面，绝对办不到，Institute根本不相信我会做研究工作。有一个member常在各大杂志发表散文，也教书，也正在做研究工作，似乎对我印象还好，现在看见我总是很窘，已经被warned off，所以我也避免跟她说话，免得叫人家为难。起因都是琐事，最大的一项是副院长建议Ferd葬在此地墓园里。如果我觉得出了这钱她们以后就会帮我的忙，也就只好勉力以赴。但是那时候也就看着是这情形，挑拨的人太多，不是这样就是那样。副院长在伊朗旅行，看见《赤地之恋》，买了本又丢了。我告诉她只有一本自己校过的master copy，另向香港要了来送她，半年多才到。早已以为不送，院长都知道了，见了面都不睬，等等，说了都使人无法相信。我上次信上说到《红楼梦》前八十回改写经过，是先证明吴世昌的《棠村小序》不对——他说回首批是曹雪芹弟弟写的《风月宝鉴》序——但是他这条路子对，严格执行起来，可以发现一个早本，内容不到现在一半。缺的部分怎样一件件先后添出，都给算出来，连带证明33/5这三回本来位置较后。因为这像solve a puzzle，不能做了一半搁下，所以耽搁了译书。问题解决了，也只写出一部分，搁下来赶译《海上花》，也许六月底来不及译完。N'l Endowment Fund下月截止的是六月十五开始工作。反正只好等八九月申请。柳存仁没看见，也许在我睡熟的时候打过电话来。前两天打听到他的通讯处，预备改天寄张便条去。你告诉我"伦敦二图书馆……"书价，我笑了起来——仿佛我会买！匆匆祝好

爱玲

二月廿二（一九六九）

【按语】

国家人文学科基金会（爱玲信上把National简写成N'l）是个美国政府机构。它延请了很多专家为其义务顾问，主要任务即是审阅有关学科研究计划申请书，以决定某项计划是否值得资助。我审阅的不外乎有关中国文学的研究计划、翻译计划这两大类。我既答应为国家基金会当顾问，就通知一声张爱玲，因为身为顾问，我推荐她的任何计划比直接为她的计划写封推荐信，更

为有效。为此，爱玲又在信上感谢我一番。

爱玲那封信我是二月下旬收到的，到了三月二十九日我得在喜来顿—波士顿旅馆 Sheraton-Boston Hotel 为美国亚洲学会的年会主持一个讨论东亚英雄文学的小组会议，倒有机会同爱玲相聚了。

当年我的耶鲁同学，韩国人李鹤洙 Peter H. Lee 乃是比较文学大师威来克 René Wellek 教授所收的第一个东亚弟子。鹤洙兄在夏威夷大学已任教多年，有意重游东部，且在年会上宣读一篇讲朝鲜英雄文学的论文。于是他来信请我当小组会议的主席，自己最好也宣读一文论中国英雄文学。主席之职我当然辞不掉，写论文之事则另托庄信正弟。他在柏克莱加大中国研究中心已三四年，应该参与一个大会，跟同行多些接触了。同组另有两个日本、蒙古文学专家，我想都是李鹤洙邀来的。

那个小组会议，那天星期六上午九点半开始，第一个宣读论文的人即是庄信正。他在《初识张爱玲》此文（载《华丽与苍凉》，页一四三）里，写下了下面这一段：

> 届时我们坐在讲台上正预备开讲，忽见张爱玲进入会场坐了下来，我一边同夏先生交换了又惊又喜的眼光，一边在“张看”下不由得加倍紧张。会后我们在那家旅馆与她和於梨华四人同吃了一次中饭。

於梨华在《来也匆匆……》里也提到了这次午餐，同样语焉不详。但之后，梨华还请她到亚尔本尼去演讲，同她在一起数小时。爱玲去加州后，信正同她见面的次数较多。我自己同爱玲吃了那顿午餐，竟再没有同她相聚的机会，这倒是预想不到的。

43

志清：

另包寄上三本《全集》，《怨女》迄未收到，过天写信去问。本来预备等收到了一并寄来，忘了提一声请你不要另买。《秧歌》通篇是"妳"，《流言》与《短篇小说集》也没工夫自己校，不知道错成什么样子，始终翻都没敢翻。没有画，封面坏，都还在其次。给别人没关系，给你实在有点拿不出手，所以不大想送也是实情。那天气急败坏打电话来，都忘了恭喜你得Guggenheim，实在可喜，不知道研究什么题材？隔了一天后我托Hanan写信，他确是自己也想申请N'l Endowment Fund，虽然曾经自动说过可以替我写信，究竟名字出现次数多了也许不大好，而且他说过这奖金最难，劝我不要申请，所以我不得不解释为什么最后还是决定试试，因为你是他们的reader，答应帮忙。希望没有妨碍。你有点诧异我到Berkeley去还要揽别的事，我是因为等到需要钱的时候再去申请，别的条件也许又不凑巧，天下的事往往这样。我的收入需要last indefinitely，跟别人拿薪水的情形不同。看上去加州办公处有点像大家庭一样人多，复杂，我去也不过是一年的事。万一像中彩票一样得奖，能多积点钱，就不必找事了。在家里写东西。本来在中西部与加州的事，都是济安的学生照应我，等于济安在遗嘱上添了一笔，给一个朋友一份遗产，完全意想不到的。其间你出的力当然更不必说了，也是实在不知道该怎么说，因为只有比较小的事才可以道谢。《海上花》还有十四回没译完，前天见 Institute 院长解释，结果她很谅解。她说 Harvard Press 现在出书很多，等我认为可以给编辑看的时候，直接寄给那一部门的编辑，她打听了人名再告诉我。我觉得这本书应当看全部，所以要等译完了寄给她们的打字员打出后，寄还给我 check 过，再寄给编辑，恐怕至早要到年底，所以你写序请尽管 take your time。我也告诉了她你答应写序。她说 N'l Endowment Fund 不必学校出面，应当自己申请，也不必找 Berkeley。以后要申请什么别的，Institute 也可以代写信。《海上花》那几个名词没有问题，请不必查了。原稿打字员打的只给了我一份，还没 check 过。等我理出自己打的一份，先寄三十回给你，不过看着比较费力。这封信已经这么长，赶紧打住。很高兴你喜欢那两篇散文，下半年来不及写了。《古典小说》那一章应当且慢写，那是你讲笑话。下月一日动身，有了住址就寄来。

祝

好

爱玲

六月十五（一九六九）

【按语】

Guggenheim 即 J. S. Guggenheim Foundation Fellowship 的简称。通常你拿到一笔哥根汉基金会的研究金，校方要向你道贺致喜的。我的研究计划很大，要写本与《中国现代小说史》《中国古典小说》鼎足而三的书，研评中国十九世纪、二十世纪初期的小说名著，也就是说把《镜花缘》《儿女英雄传》直至《老残游记》《玉梨魂》等作品都予以专章处理。凭我那时的身体和勤奋，花八年、十年功夫这本书无论如何可以写完的。但一九七二年初添了一个智识不开的女儿后，照顾她、服侍她变成了我们夫妻的第一要务，我不可能像在五六〇年代那样专心于研究，并专用英文把研究成果写下来。到了今天，我已九十二岁（编按：此文写于 2013 年），想起那好多年不能定心工作的情形，也就不这样耿耿于怀了。

Patrick Hanan 是哈佛大学的教授，当时爱玲在赖氏女子学院做研究，找他帮忙很方便。

《张爱玲全集》里的文章，哪年哪月在哪本刊物上初载，皆无记录。因之要确知一九六九上半年我看了她哪两篇刚刊出的散文，就很不容易了。

志清：

另包寄上三本《全集》、《怨女》，迄未收到，这天写信去问。本来预备等收到了一併寄来，忘了提一声，请你不要另买。《秧歌》通篇是《姝》，《流言》与《短篇小說集》也没工夫自己校，不知道错成什么样子，始终翻都没敢翻。没有画，封面坏，都还在其次。给别人没关系，给你实在有点拿不出手，所以不大想送也是实情。那天气急败坏打電話来，都忘了恭喜你得Guggenheim。实在可喜，不知道研究什么题材？隔了一天才我托Hanan寫信，他確是自己也想申請N'l Endowment Fund，虽然曾經自動說过可以替我寫信，究竟名字出現次数多了也許不大好，而且他說这次资金最難，劝我不要申請，所以我不得不解釋为什么最後还是决定試試，因为你是他们的reader，怎么帮忙。希望没有妨礙。你有点誤會。我到Berkeley去还要攬别的事，我是因为等到需要錢的时候再去申請，别的條件也許又不湊巧，天下的事往往这樣。我的收入需要last indefinitely，跟别人拿薪水的情形不同。看上去加州辦公處有点像大家庭一樣人多，複雜，我去也不过是一年的事。万一像中彩票一樣得獎，能多積点錢，我不如找事了，在家裏寫東西。本来在中西部与加州的事，都是濟安的學生照應我，等于濟安在遺囑上添了一筆，給一个朋友一份遺產，完全意想不到的。其间

五　加州柏克莱，一九六九年七月～一九七二年十月

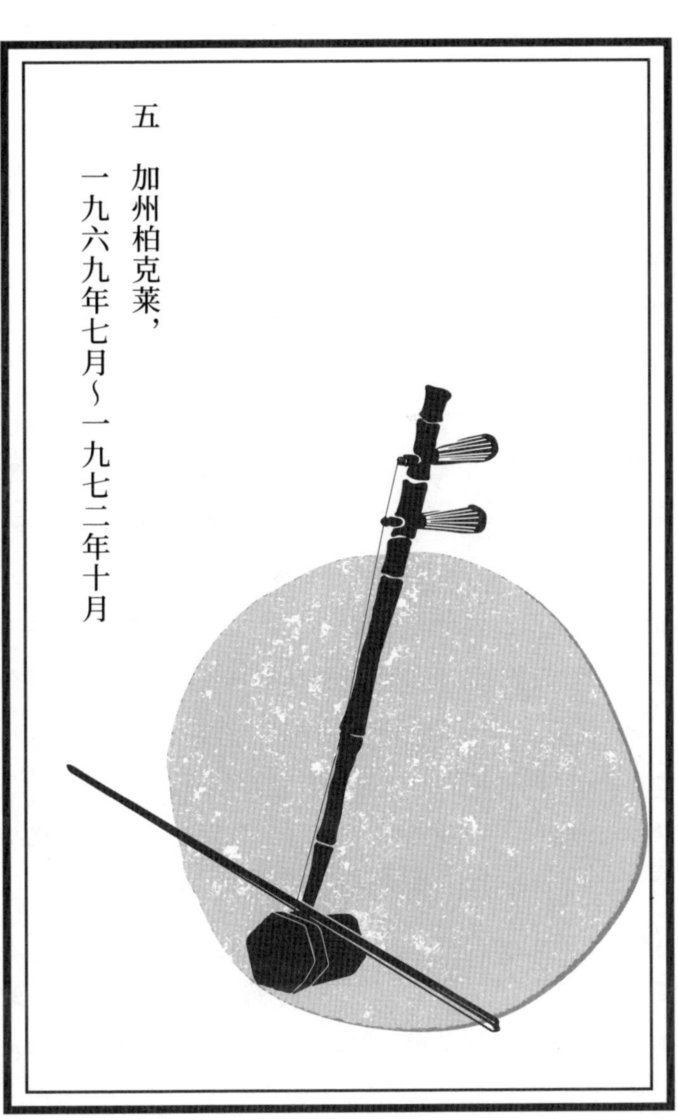

44

志清：

早就想写信给你，一直耽搁下来，因为到加州后很久工作没上轨道，所以一安顿下来之后就更忙了。每天要到office去一趟，在我因为不习惯，也糟蹋许多时间。第一要补道喜，喜事里面经过一番周折，更觉得可贵。我跟此间的人很少接触，也听不见这些话。我也是越是熟人的事越不喜欢多打听，是小时候受privacy cult的影响，不过总相信朋友自己的judgment。前一向此地Ctr.唯一的上海人萧克（？）去Illinois前到我office来坐了一会，说收到你的请帖，问我可认识你，然后有点窘的解释了一句离婚的话，接着说："他太太是美国人，天天做外国菜，夏先生吃得……"做了个苦脸，没说下去。我觉得未免太simplistic，差点笑出声来。后来收到你的信，也说现在的太太做中国菜的话，倒跟他遥遥响应，我不由得笑了。当然也是你的understatement。那次我在纽约没到你家里去，现在想起来不去也罢，一定不像现在气氛好。我在这里的工作情形，也就像你说的那样，我也懒得多说了。申请N'l Endowment Fund的事，你说应当由机关申请，我本来预备去说，大概不成问题，但是 Hanan 的介绍信始终没寄来。我想是因为我写信去讲起自己申请，仿佛这里的人不支持我，再加上我在康桥为了研究《红楼梦》耽误了译书，临走向 Institute 交代，说出大纲给 Hanan 看过，以及他自动说愿给 N'l Endowment Fund 写介绍信。想必后来转问他，他觉得用他做挡箭牌。八月截止现在改期，十一月十日截止，正差不多赶上你明年上半年到东方去，万一不寄到国外请你看卷子，我想我只有这么一个研究题材，还是且慢申请，等现在写的这篇英文长文刊出后，如果研究的结果站得住，不愁没有专家写介绍信，那时候你也回来了。所以决定这次不申请了。每次在图书馆看见《文明小史》（我从前看过，只记得“司梯克”）总想起你正在写关于晚清小说。剩下的《海上花》恐怕要明春译完。“登科廪主”是不是坟顶、墓碑？过天再谈，匆匆祝

好

爱玲

十月十二（一九六九）

【按语】

张爱玲应该于七月一日开始在加大中国研究中心工作的。她于十月中旬才给我第一封信，表示她对上班的生活，一切不习惯。该中心“唯一的上海人”萧俊（非“克”），字忠轸，其实是绍兴人，原在光华大学读法学院，在上海住久了，的确是一口上海话。

一九六五年二月二十一日星期天上午，他在中心办公室工作，听见隔壁房间有异声，推门过去，看见先兄倒在地板上，已不省人事，马上叫救护车把他送进医院。办好入院手续后，萧兄再打电话给我，嘱我火速西飞伺兄。在我留柏克莱两周期间，萧兄义重如山，代我办理了不少丧葬杂事，真的让我感激不尽。爱玲在研究中心，假如有萧俊这样一位直爽牢靠的同事，有空同她用上海话谈谈心，或可解除她一些人生地疏的寂寞感也说不定。但正好那年夏天萧俊受聘于南伊州大学（Southern Illinois University），也就离开了中心，迁家 Carbondale 定居。退休多年之后，他已于一九九四年逝世。原先他每路过纽约，必来我家酣饮，畅谈终宵。晚年来往已稀，我连他去世的年月日也不敢确定。但他是个热心肠的男子汉，对先兄极为厚爱；离开研究中心前，特去爱玲办公室同她攀谈，因此我在这里写他一段，表示纪念。

他对爱玲说，我因吃不惯“外国菜”而同前妻离婚，怪不得她听了“差点笑出声”来，我自己当年看信也觉得好笑。其实我很爱吃美式西餐，一九四八年春季学期开始一直吃到一九五四年春季学期终了；我每周二十一餐都包给耶鲁研究院食堂，只有寒暑两个假期，没有办法，只好在学校附近小馆子打游击，倒吃得相当乏味。其实两夫妻在家里吃饭，除非其中一位肯花时间变花样，不论中餐、西餐，吃起来总是比较单调的。

我同爱玲通信虽勤，主要在关心她，很少有机会在信上讲到自己的问题的。因之在那封信上对离婚、新婚之事都写得比较含糊，无怪她看后“不由得笑了”。事实上我于一九七〇年二月三日寄给上海亲妹妹玉瑛的信上，也只报告事实，没有说明多少原委：

> 我和卡洛近年来关系不好，去年六月离了婚，卡洛也嫁人了，建一归母亲管，但她和我周末经常见面（住在我这里，我没有搬家），望勿念。我自己也在去年七月二十四日在纽约 Plaza Hotel 同王洞女士结婚了。她英文名字叫 Della，山西人，耶鲁大学的硕士，出国也有九年了，三十四岁。是前年在哥大认识的，我们婚后的生活很幸福。后天我们即要到东亚旅行，三月初抵香港后再好好同你通信。

我在散文里，常提到自己求学交友的轶事却不曾提到我的婚姻。对自己的妹妹也不多作解释。卡洛也是耶鲁大学的硕士，她学的是古典文学，小我十岁，我们的感情很好，但我到哥大以后，找我的女孩子太多，使我动情的第一个女孩子，便是陈若曦（名秀美，英文叫 Lucy）。她似乎也对我有意，我便对卡洛说“我爱 Lucy，我们离婚吧”。卡洛大哭一场。Lucy 也无真心嫁我，之后嫁给段世尧便回大陆“报效祖国去了”。直至於梨华搬来纽约，我又出轨。卡洛便交了一个男友，决定离婚。并非如陈若曦在其《坚持、无悔——七十自述》中所说“原配早不满丈夫喜欢中国女生，发现他和王洞谈恋爱了，和人私奔并铁了心离婚”。陈若曦写了《尹县长》在《明报》连载，希望我写序并帮忙她来美，我们旧情复燃，又谈起恋爱来了，她在书里对跟我的两段情，只字未提，却借我与某编缉的一段情，对我的前妻及王洞加以人身攻击，也丑化我。第一，卡洛没有和人私奔；第二，王洞不是第三者；第三，我在家不喝酒，王洞何能“用酒灌醉丈夫”？第四，我办公室抽屉没有锁，我最怕重量，哪有“日夜都系在腰间的办公室抽屉钥匙”？第五，王洞没有“拿刀割伤丈夫的手臂”，我手臂无伤，哪有“见面就撩起袖子示伤痕”？倒是王洞左腕尚有割腕的伤痕；第六，不知她为何把黄春明也拉进去？我与黄春明不熟，有没有见过面，不记得了。只是有一次我去加州演讲，预备在旧金山与秀美妹（我一直这样称呼她）幽会，可惜被王洞发现没去成，之后陈若曦写信给我说她不是一人去接机而是带了黄春明来。陈若曦提名道姓，毁谤我和王洞，出版商竟不察真相，照登不误，不仅不负责任，没有商业道德，何况我也是他们的作家。我写文章，常为女人抱不平。大家都知道我喜欢女人，还以为我有多少女友，我年轻时只心仪两位女士（见信二十三），婚后的情人就是陈若曦、於梨华和某编缉。其实我是很规矩的，女人不主动，我是不会去追的，现在这两位小说家不念我曾帮过她们忙，反用真名或化名来丑化我及我的妻子。当年偷了人家的丈夫，现在又昧了良心，给这丈夫的妻子抹黑，凭其生花妙笔，欺骗她的读者。与其叫别人乱说，不如我自己真实道来，将来我会写篇文章谈我的感情生活。

司梯克即 stick，亦称 cane，英国男士们走路时爱拿的手杖。当年租界上，国人效法者也不少。

志清：

早就想寫信給你，一直耽擱下來，因為到加州後很久工作沒上軌道，所以一安頓下來之後就更忙了。每天要到office去一趟，在我因為不習慣，也轉場許多時間，[illegible]第一要補[illegible]，甚至事實上兩經過一番[illegible]，更覺得可[illegible]。我跟此間的人很少接觸，也[illegible]見這些話。我也是越是熟人的事越不喜歡多打聽，是[illegible]時[illegible]受privacy cult的影響，不過總相信朋友自己的judgement。前一向[illegible] Ctr. 唯一的上海人蕭[illegible]（[illegible]）去Illinois前到我office來了一會，說收到你的信回信，以[illegible]我可認識他，[illegible]後有[illegible]的[illegible]譯了一句離婚的話，接著說：「他太太是美國人，天天做外國菜，[illegible]……」

45

志清：

有这样巧的事，今天刚把写给你的信丢入邮筒，到office去发现你的信。华丝葛外国没有，只能译a solid-colored silk with a shiny pattern。香烟牌子不知道。有种叫Capstan似乎贵。这些事姚克最清楚，而且热心解答。我有些零碎的问题预备积得多些再问他，你大概等着用，不然我可以代问。除上次问你的“登科廪主”外，还有“福利洋行”“亨达利”（Huntley？），一块钱是几角小洋？你如果知道，请以后写信的时候再告诉我，我不等着用。住址上次只写在信封上，万一不清楚：

2025 Durant Ave., Apt.307 Berkeley 94704

匆匆祝

好

爱玲

十月十三（一九六九）

【按语】

姚克即姚莘农（1905—1991），晚年曾因其话剧《清宫怨》搬上银幕而名声大噪，但他在戏剧界、电影界、学术界一生之成就至今尚无人加以研讨，甚为可憾。毫无疑问，原籍苏州的姚莘农是个江南大才子，其记性之好，无锡钱钟书下来就要算上他了。姚对我说过，大学毕业后他曾在洋行做过事，日常用到的电话号码他都记得清清楚楚，不必查看本子。洋行老板为之惊奇不已而大加重用。

我想早在四〇年代的上海，爱玲即同姚克相识了，深知其杂学之博广，所以“零碎问题”积多了即去问他。她在十月十三日信上把姚推荐给我。世上真有巧事，不出多天我即收到了莘农先生同月三十日从火奴鲁鲁寄我的生平第一封信，谓“客中无俚，先生如不嫌弃，希望通信赐教，这是我所企望的”。显然那年夏天，他率家眷从香港来夏威夷大学亚太语言系（Department of Asian and Pacific Languages）就任新职，美国同行朋友不多，特别来信同我联络感情的。

我那时正在校阅吴组缃《樊家铺》之英译稿。因不知小说里提到两种香烟牌子的原名为何，先问了爱玲，给莘农兄写回信时也正好向他请教。且看他在十一月二十四日四页长函里给我有关“小刀牌”（也即是张函里提到的贵牌 Capstan）的地道答复：

"小刀牌"这名称是由"老刀牌"而来的。"老刀牌"原称"强盗牌"（Pirate）是英美烟公司很早就经销的一种香烟，后来因为"强盗"二字不好听，而且"五四"以后反帝的趋势很强，所以英美烟公司就将商标上那个海盗手里的刀作为牌名，加上个"老"字，以表示其为老牌。那时另一种英美烟公司发售的 Capstan Navy Cut 在上海称为"蓝锡包"，因为同一公司的 Ruby Queen 名为"红锡包"；可是 Capstan 在华北却不叫"蓝锡包"，而跟着 Pirate 排行，称为"小刀牌"。这里的"刀"字和它英文牌名一点没有关系；若不是我曾在平津住过二三年，就想不出它是 Capstan 来。

这种学问，你可说无关宏旨，但到了六七〇年代，莘农兄仍能把旧时事物记得清清楚楚，实在教人钦佩。过了不久，"福利洋行"原名为何等小问题，我也代张爱玲向姚莘农请教了，请看下面这张年卡。

志清：

有這樣巧的事，剛（今天）把寫給你的信丟入郵筒，到office去發現你的信。華絲葛外國沒有，只能譯a solid-colored silk with a shiny pattern。香烟牌子不知道。（有种叫Capstan的手卷。）這些事姚克最清楚，而且熱心解答。我有些零碎問題預備積得多些再問他，你大概等着用，不然我可以代問。除上次問你的「登科摩云」外，還有「福利洋行」（亨達利」（Huntley?），一塊錢是幾角小洋？你如果知道，請以後寫信的時候再告訴我，我不等着用。住址上次又寫在信封上，萬一不清楚：

2025 DURANT AVE., APT. 307
BERKELEY, 94704

匆匆 祝

愛玲 十月十三

46

志清：

福利洋行等替我问了来了，真感谢。出国前请把姚克住址寄给我，有几点以后写信去问。Hanan 的介绍信也写了来了，但是我目前不申请。正在赶写还没赶完。匆匆祝

新禧

爱玲

（一九六九年底）

志清：

福利洋行等替我問了來了，真感謝。出國前請把姚克住址寄給我，有幾點以後寫信去問。Hanan的介紹信也寫了來了，但是我目前不申請。正在趕寫還沒趕完。匆匆祝

新禧

and best wishes for the coming year

愛玲

47

志清：

收到姚克地址与关于《老残游记》的文章，小时候看过多次都不懂的谜语正都给解答了。我过年牙痛接着感冒，拖到现在还在看医生，病前又正赶工作，都忘了问你在远东的通讯处。这两天如果还抽得出时间，就请寄份给我。如果来不及就不用了，等我过天转问信正。匆匆祝

俪安

爱玲

一月廿九（一九七〇）

【按语】

我那篇《老残游记》论文刊于《清华学报》新七卷第二期（一九六九年八月）。中译本题名《〈老残游记〉新论》，见拙著《文学的前途》（纯文学出版社，一九七四），王继权、周榕芳编选《台湾、香港、海外学者论中国近代小说》（南昌百花洲文艺出版社、一九九一）等书。

一九六九年秋季开学后，王洞继续在 New London 康州女子

学院（Connecticut College for Women）教中文，周末回家，我则在家里读书做研究。根据上文所引我给舍妹玉瑛的信，我跟王洞二月初才去台北的。在台湾时行踪不定，三月初在香港中文大学住定后，才同亲友通信。

48

志清：

我在赶件工作，过天再写信，怕耽误你的事，先讲一声那篇小说原载《杂志》一九四三年一、二月，书是同年初版。讲汤显祖的文章收到，谢谢，还没来得及仔细读。匆匆祝

回来一切都好

爱玲

廿日（一九七〇年八月）

【按语】

来信是张明信片，一九六六年我去台北，爱玲来信何其之多；一九七〇年我去台港，可能她真的没有写信来，这也表示她在柏克莱的生活还算平静无事。

张爱玲在上海《杂志》月刊上发表最早的作品是《茉莉香片》，一九四三年七月才刊出。同年一、二月在该刊发表的“那篇小说”，不知何指，想非爱玲自己的作品。

《汤显祖笔下的时间与人生》原文载哥大教授狄百瑞（Wm. Theodore de Bary）主编*Self and Society in Ming Thought*，

哥大出版所一九七〇年七月出版。汤显祖有中国莎士比亚之称，但我在一九六六年一个会议上提出拙文之前，美国汉学家间尚无人对汤氏作过任何研究报告。

49

志清：

《爱情·社会·小说》收到，非常感谢，等空一点再好好地看。今年秋冬不断地患感冒，更占掉时间。匆匆先祝你们俩明年百事如意。有便请代向台大《新潮》仝人道谢。

爱玲

（一九七〇年圣诞节）

【按语】

《爱情·社会·小说》是我在国内出版的第一本书，收了十篇自己比较喜爱的文章，一九七〇年九月由台北纯文学出版社发行。《汤显祖》那篇，《战争小说初论》《亡兄济安杂忆》等已在爱玲信上提到的好几篇，再加上先兄所译论张爱玲小说的那两篇，皆集于此书。纯文学出版社停业后，此书二〇〇七年由麦田重版。

志清，

「愛情、社會、小說」收到，非常感謝，等空一點再好好的看。今年秋冬不斷的害感冒，更佔掉時間。匆匆先祝你們倆明年百事如意。有便請代向台大「新潮」仝人道謝。

愛玲

Greetings and Good Wishes for Happiness in the Coming Year

50

志清：

我自从听见世骧写信给你，带累你听抱怨的话，心里非常过不去，一直想告诉你是怎么回事，但是是真从去年十一月起断断续续病到现在，感冒从来没有像这样连发，好的时候要赶工作，信没写成，倒收到你的信，很惭愧。信正离得近，受到的压力大，所以我不能不向他解释。现在世骧新故，我不应当再说这些，不说，另找得体的话，又讲不清楚。我刚来的时候，就是叫写glossary，解释名词，不要像济安、信正写专论。刚巧这两年情形特殊，是真没有新名词，包括红卫兵报在内（Ctr. 又还有别人专做名词，把旧的隔几个月又出个几页字典），如“四斗”，下面列举是哪四项，以后再也没在别处出现，那是这单位巧立名目，其实不算。如果多，我也就一狠心列入，但是也只有四五个。就名词上做文章，又没有中心点。唯一的中心点是名词荒的原因。所以结果写了篇《讲“文革”定义的改变》，追溯到报刊背景改变，所以顾忌特多，没有新名词，最后附两页名词。世骧也许因为这工作划归东方语文系，不能承认名词会有荒年。我觉得从 semantics 出发，也是广义的语文研究。他说拿给 Ctr. 代改英文的 Jack Service 与一个女经济学家，与英文教授 Nathan 看了都说看不懂。通篇改写后，世骧仍旧说不懂。我笑着说："加上提纲，结论，一句话说八遍还不懂，我简直不能相信。"他生了气说："那是说我不懂啰？"我说："我是说不能想象您不懂。"他这才笑着说："你不知道，一句话说八遍，反而把人绕糊涂了。"我知道他没再给人看，就说："要是找人看，我觉得还是找 Johnson（主任），因为 Ctr. 就这一个专家。"他又好气又好笑地说："我就是专家！"我说："我不过是因为既然找人看，像 Jack Service 只对中共模糊地有好感，有两次问他什么，完全不知道。"他说："他大概是不想讲。"我说："我不过是看过 Johnson 写的关于'文革'的东西，没看见过 Service 写的，也没听他说过。"他沉默了一会，仿佛以为我是讲他没写过关于中共的东西，立刻草草结束了谈话。其实我根本没想到，是逼急了口不择言。他表示第一句就不清楚，我也改了寄去，也不提，坚持只要那两页名词，多引上下句，以充篇幅，随即解雇。去年他告诉我续一年是因为 Johnson 对他说了。我本来写文章应当随时找 Johnson 商量，因为说过有问题可以去问他。但是正在写的东西，我实在不习惯跟人讨论，根据的材料又太多，要三言两语说明白，还要下番工夫准备。我是真用全副精力在做，实在来不及。Johnson 这人又 abrasive，信正介绍见面的时候，他就很突兀地对我说："你这事归陈教授管，不关我事。"等写完了又不能越过人头上去找他看。吊丧回来，他们夫妇用车子送我，我还是托了他看文章，因为我对自己写的东西总是尽到最后一分力。但是无论怎样不让它影响情绪，健康很受影响。预备找水晶来，因为久病耽搁，好的时候又忙，到现在他快走了，只好前几天找他来，一看见我非常 shocked。在这里要一直忙到月底，积下了一笔钱，不找事，请千万不要替我担心。预备慢慢的找房子搬到旧金山，先赶紧做完两件快完的事，那篇《红楼梦》研究与译《海上花》。Research 根本没发表过，当然不能申请 Humanities Endowment，还是小说，不过不认识名作家。Truman Capote 当然没有回信，早忘了看过《秧歌》。哈佛有人在写本书关于 Brecht，发现 Ferd 是他唯一的好朋友，于我也没益处。也许找 Nathan 写封信关于《怨女》，聊胜于无。虽然没希望，还是秋天（大概十一月）申请试试，下月初去要表格。Project 等考虑过再跟你商量。匆匆祝

近好，Della 也好？暑假去不去旅行？

爱玲

六月十日（一九七一）

又，以前说送书给 Mrs. Zonana，始终没送成，现在有书在手边，不知道你可还有她的地址。

【按语】

这封长信是爱玲两年间在加大中国研究中心的工作报告，也可说是她在美国奋斗了十六年，遭受了一个最大打击的报告。她在迈阿密大学当驻校作家，校方对她并不满意没有关系。她在那里只是一个客卿，没有一个任务规定是她该做的。后来去赖氏学院，虽然同研究所几个主管处得并不好，关系也不大。主要她在两年间，译了《海上花》之大半，从事了《红楼梦》考证研究的工作，心境是好的，病痛也不多。在加大中国研究中心，她只是位雇员，上面有主管，主管对她的工作不满意，随时有解雇的危险。再加上，中心里的主管和研究员都算是中国通。爱玲的一举一动，极受他们的注意。她日里不上班，早已遭人物议。一旦解雇，消息传遍美国，对她极为不利，好像大作家连一篇普通学术报告都不会写。

中国研究中心那时候的主任（Chairman）Chalmers A. Johnson 教授，专研中共政治，年纪还轻，我为先兄奔丧时见过他，人也很和气。爱玲的顶头上司即中国文学教授陈世骧。他很热心，但晚年似较寂寞，喜欢朋友、学生到他的“六松山庄”去坐坐，听他的高论，而爱玲偏偏是个最 Shy、最不会和颜悦色去讨人欢喜的人，吃了很大的亏。

研究中心有一笔经费，专攻研究中共语言之用，其主管人（Project Chairman）一开头即是陈教授。张爱玲以前，他先后雇用（称之为“聘用”，也无不可）了李祁教授、先兄济安、庄信正博士担任此项研究工作。三人绝非趋奉拍马之辈，但都比爱玲懂得些做人的道理，因之世骧对济安情同手足，视信正同自己家里人一般。李祁在任期间同世骧私人关系如何我并不清楚，但她能于一九六二年八月在牛津大学附近参与一个由伦敦《中国季刊》（*The China Quarterly*）主办的中共文学大会，我想世骧推荐的功劳一定不小，虽然她那时离开研究中心已一二年了。李祁同钱钟书年龄相仿，原都是专治英国文学的牛津留学生。晚年她有机会重游英国，其乐何如！

细读此信，爱玲显然认为问题出在那两年中共报刊上见不到新名词，而她刚来中心的时候，世骧只叫她“写glossary，解释名词，不要像济安、信正写专论”。因之两年之后她只写了篇《讲“文革”定义的改变》之论文，“最后附两页名词”。世骧极为失望而生气，只拿了那两页名词就把她“解雇”了。二人谈话时无法沟通的情形是非常明显的。

刚开头，世骧只要她写glossary这句话，其实不必当圣旨看待的。一九六六年，庄信正上任后，原先按照先兄旧规，以“文化大革命”为题写了一篇专门词语的研究（*A Great Proletarian Cultural Revolution: A Terminological Study*）。它虽是篇“专论”，文末也附有十二页中英对照的词语解释，一个丰收的glossary！信正接下来写的两篇，一讲《毛主席语录》，一讲邓拓与《燕山夜话》，虽都写得非常有趣，且提及流行中共的新旧词语，此类词语毕竟少了些，没有必要在文末另列一个glossary。世骧有鉴于此，可能在同张爱玲讨论第一个研究计划时，特别强调要有个glossary，但我想他不会不让她选择一个叙述专题而单单只编一本中共术语的辞典的。除非一开头二人关系即已僵化，世骧不会不想利用她的文才去写篇可读性较高的词语研究的。济安、信正的专题研究既广获好评，为什么反要叫张爱玲去编一本只宜查看、不便阅读的辞典呢？

假如世骧并无恶意地叫爱玲去编一本glossary，她多看报刊之后，发现了那年的“名词荒”，尽可征求他的同意去改写一个题目的。只要她同世骧、美真兄嫂保持友善关系，什么事情都可以商量的，何况只是一个题目？一九六九年八月廿六日世骧写了一封祝贺我新婚的毛笔信，其中有一句谓“张爱玲女士已到此月余，颇觉相得”。虽未同她立即建立了较深的友谊，他也对她并无一丝敌意。但世骧专治中国古代文学与文学理论，张爱玲的作品可能未加细读。作为一个主管人，他只看到她行为之怪僻，而未能因欣赏她的文学天才和成就去包涵她的失礼和失职。在世骧看来，她来中心两年，并未在行动上对他表示一点感激和敬意；在研究中共语词这方面，也可能从未向他请教过，只一人在瞎摸！最后交的报告，他看也看不懂，glossary只有两页，还要言语顶撞！盛怒之下，陈教授把她“解雇”了。世骧对爱玲不满意，曾在我面前表示过。但遍查其信札，提到张爱玲者只有上文所引的那句，并无任何怨言。

陈张面谈之事，不知道哪天发生的。但不久之后，在一九七一年五月廿三那天，世骧兄自己即因心脏病猝发而去世了，享年五十九岁。他同梁美真女士结婚多年而并无子息，但那次结婚以前，他曾同美国名诗人Muriel Rukeyser（1913—1980）有一段情，且生有Michael一子，从母姓，由其母亲养大。此人因逃避兵役而在加拿大居住多年，回来后随其母访故友世骧于六松山庄。Michael酷似其父，美真嫂看在眼里，记在心里，但当时并未同世骧追究此事。多年后我重访山庄，美真嫂却把这段事实地地道道地讲给我听，似有要我传播之意（Michael之名我可能记错，但真名打电话一问美真即知）。有关故友之其他事迹，请阅拙文《悼念陈世骧——并试论其治学之成就》，载《文学的前途》。

爱玲知道自己即将失业之后，不多天陈世骧也过世了。她受到了双重打击，六月的日子也就特别难以忍受——于是她想起了名作家、张迷水晶，去年九月开始他就写信、打电话求见了。六月三日她写给他的信，二人一夜谈的纪录皆见《蝉》及其续篇，载水晶《张爱玲的小说艺术》（大地出版社，一九七三）。

信上提到的其他人物，不妨也略为介绍：

Robert Nathan乃加大英文系的一位年轻教授，颇有诗名。世骧同他很友善，请他看文稿、出主意，不知有否正式给他一个

Consultant 的名义。

那位信上未提名的 Brecht 专家乃 James K.Lyon。后来他要写本专书讲赖雅，曾于一九七一年二月二日在中国研究中心访问了张爱玲。他在多少年后追忆那次访问所写的文章已由叶美瑶译出，题名《善隐世的张爱玲与不知情的美国客》，见《联合文学》一九九七年四月号。

志清：

我自從聽見世驤寫信給你，帶累你聽抱怨的話，心裏非常過不去，一直想告訴你是怎麼回事，但是真從去年十一月起斷斷續續病到現在，感冒從來沒有像這樣連發，好的時候要趕工作，信沒寫成，倒收到你的信，很慚愧。信上雖得近，受到的壓力大，所以我不能不向他解釋。世驤現在新故，我不應當再說這些，不說，另我得體的話，又講不清楚。我剛來的時候，就是叫寫glossary，解釋名詞，不要像語字、信上寫專論。剛巧這兩年情形特殊，是真沒有新名詞，包括紅衛兵報在內。（Ch.又還有別人專做名詞，把舊的隔幾個月又出個幾頁字典。）如「四旧」，下面列舉是哪四項，以後再也沒在別處出現，都是這單位的名目，其實不算。如果多，我也就狠一心列入，但是也只有四五

51

志清：

我还没搬家，因为现在房租冻结，都不签合同，等着涨价。一找房子，发现跟十年前我住在那里的时候大不相同了，也是要等慢慢地找。世骧说的那篇文章，我正在整理着，下次再寄一份给你。这是一篇短的，Jack Service说太长，*Asian Survey*不会要。等问确实了，预备投到*China Quarterly*试试，否则“一稿两投”。Johnson本来说叫我去找他谈这篇东西，我先寄了去，预备过两个星期再去，这两天感冒又发。《海上花》以前译的部分，本来想把打字员打的check一遍寄给你看，始终也没机会拿出来check。Della有喜了，实在是好消息。我一直记得你第一个孩子的照片，觉得太可惜。年底到时候千万写个字条子告诉我一声。National Endowment for the Arts创作部门现在暂停，说以后如果恢复，会通知我。我寄了书给Mrs. Zonana，迟了好几年，实在笑话，反正不管它，免得老是抱歉。过天再谈，祝你们俩都好。

爱玲

九月廿四（一九七一）

【按语】

爱玲同赖雅曾在旧金山住了两年多（1959 年 5 月— 1961 年 10 月），详情见《张赖》第七章。

爱玲是在宋淇家里见到了我“第一个孩子的照片”的。卡洛生的两个孩子，中文名字都是先父给他们起的：夭折的 Geoffrey 叫树仁，我曾在《马逢华散文集》的序里写了一段纪念他的文字。老二 Joyce 叫建一，生有两个男孩子，即住了纽约市邻近的 Yonkers。王洞怀孕的那个女孩子，医生预测要在圣诞假期落地，所以给她起了个 Natalie 的名字，同时也表示我很喜爱影星 Natalie Wood。到了六〇年代，男女关系实在太随便了，我觉得女孩子应该珍重自己才好，所以女儿的中文名字叫自珍。她出生于一九七二年正月四日。

52

志清：

我这些天一直感冒，今天刚打电话给 Johnson。说那篇东西非常好，他们预备出版，正在 edit，想登在 *Asian Survey* 上。那是我寄给你的那篇。另一篇长的也预备找他看，本来已经快改完了，但是那篇《红楼梦》研究投到 *Harvard Journal* 有年底期限，只好又搁下先赶它。年内来不及搬家了。先写张条子告诉你一声，免得惦记着，请千万不要特为回信，下次有事再写。匆匆

祝

两人都好

爱玲

十一月十日（一九七一）

志清，

我這些天一直感冒，今天剛打電話給Johnson，說那篇東西非常好，他們預備出版，正在edit，想登在Asian Survey上。那是我寄給你的那篇。另一篇長的也預備我他看，本來已經快改完了，但是那篇紅樓夢研究投到Harvard Journal有年底期限，只好又擱下先趕完。年內來不及搬家了。先寫張條子告訴你一聲，免得惦記着，請千萬不要特為回信。下次有事再寫。匆匆祝

兩人都好

愛玲 十一月十。

53

志清：

我去年来信说要在年前赶完那篇《红楼梦》考证，结果还是搁着，先去写完那篇关于中共的长文，因为有时间性质。没想到直到这两天才完工。天天赶，收到你寄来的书，猜着是近代小说选出版了，都等到现在才开拆，还没来得及看。以前给的书倒都陆续看了，讲中国小说的传统，有缺陷的一方面，对极了，我常常想到。大部分都是我完全不知道的，因为我连中国文艺也看得很少（外国更是——Henry James只看过一篇*Washington Square*，为了替VOA改编无线电剧本）。《老残游记》看过几遍，这篇研究的内容也闻所未闻。预言从前当然不懂。我觉得几篇近着写得尤其好。汤显祖那篇，蚂蚁升天那段，看得大笑。前几天*Esquire*打电话来说夏教授介绍我替他们Cover the Democratic Convention。我不太适合，觉得滑稽，一方面当然非常感激。也说"有兴趣"——不过是有兴趣看新闻报道。限期两星期，我更不行。关于政治我只会read between the lines，这里开会又没东西可读。有下文再告诉你。请千万不要特为回信。我等搬了家会寄住址来。问候Della。

爱玲

四月廿三（一九七二）

【按语】

张爱玲失业之后，忙碌了已将一年，忙得连搬家的时间也没有，拆看邮包的闲工夫都没有。明知我寄她的一本书即是载有她亲译《金锁记》的《二十世纪中国小说选》，到了四月下旬才拆阅。我自己保藏的那册，扉页上写有一九七一年十二月十三日这个日期。假如我于同日平邮寄她一册，到了圣诞节前后她即该收到了。但她先是赶写那篇要投寄《哈佛亚洲学报》的《红楼梦》考证，后来更急着要把那篇讲“文革”之结束的英文长文写完。写完了该文，才能轻松一下，同我通封信。看样子，一九七一年底，她连圣诞卡都没有时间写。

偏偏那几年，我学术论文写得较多，中英文书籍也出了几本，一篇篇、一本本邮寄给她，不免给她加添了一个阅读的负担。但忝为至交，自己有东西发表，岂可不寄她同赏？

诺门·梅勒（Norman Mailer）等名作家亲自在场报道两大党四年一度的总统竞选大会后，名家执笔写此类文章已成为一个风气。但来美国后，《老爷》（*Esquire*）这份月刊我简直不看，它编辑部的人我一个也不认识，怎么会有人电话上对张说，我推荐她去报道民主党的大会？我明知她体弱不同人来往，怎么会恶作剧，开她这样大的玩笑？亏得爱玲没有生我的气，反觉得此事“滑稽”。

志清：

我去年来信说要在年前赶完那篇红楼梦考证，结果还是搁着，先去写完那篇关于中共的长文，因为有时间性。没想到直到这两天才完工。天天赶，收到你寄来的书，猜着是近代小说选出版的，都等到现在才回拆，还没来得及看。以前给的书倒都陆续看了。（讲中国小说的传统，一方面有缺陷的，对极了，我常常想到。）大部份都是我完全不知道的，因为我连中国文艺也看得很少（外国更是——Henry James又看过一篇"Washington Square"，为了替VOA改编无线电剧本）。「老残游记」看过几遍，这篇研究的内容也闻所未闻。预言从前当然不懂。我觉得几篇近著写得尤其好。汤显祖那篇，蚂蚁廿天那段，看得大笑。前几天Esquire打电话来说夏教授介绍我替他们cover the Democratic convention。我太不合适，觉得滑稽，一方面当然非常感激。也说「有兴趣」——不过是有兴趣看新闻报道。限期两星期，我更不行。关于政治我只会read between the lines，这里开会又没东西可读。有下文再告诉你。请千万不要特为回信。我等搬了家会寄住址来。问候Della。

爱玲 四月廿三

54

志清：

这是世骧说的那篇文章，改写中抽去名词部分。寄一份来，搁在这里等你有空的时候再看。我收到National Endowment for the Arts的申请表格，限期七月底。在预备申请。你提起Prof.Birch编的文选，他本来要用《怨女》第一、二章，说不知道他们给多少钱。我对这事根本不注重钱，马上答应，隔了些时才想起这小说在英国绝版后，经纪人又在美国兜售，不能不告诉她一声，说拿到支票就寄给她去扣掉佣钱。她一定要他填表，写明数目。我虽然感到头痛，只好把表转了去，再写便条告诉她这件事对于我比几百块钱重要。但是Birch想必以为是我想多要钱，从此没有下文，我最近才得空写了封信去解释，虽然这是解释不清楚的。事已过去，你如果见到他也请不必提。Della与你都好？

爱玲

五月三日（一九七二）

【按语】

爱玲自己太忙，很多事叫她的经纪人代办，的确容易造成误会。但任教于加大柏克莱分校的白之（Cyril Birch）教授主编的 *Anthology of Chinese Literature*, Vol.2（Grove Press），同年十月、十一月间即出版了（我自藏的那册扉页上写有 Nov.1972 二字），载有《怨女》英文本首二章。爱玲的担心实在是不必要的。

55

志清：

Natalie 已经能到哥大去玩，真快！一定非常可爱。N’l Endowment 文艺研究这部门，今年恐怕没有恢复，现在又写了信去问。《现代中国小说选》目前没工夫看，你改的一定妥当，——又费心跟 Birch 提他的文选的事，我实在觉得窘。我倒真是因为你曾经提起有我的作品在内，怕你看见没有，不知道又是怎么回事，所以解释这件事的经过。我这次到北加州后总有三分之一的时间在患感冒，去冬起更是一发一个多星期，好了三四天又发，一直维他命 C 与肉类吃得不能再多。每次都是天一暖和马上霍然而愈。户内暖没有用，所以终于决定不能搬到旧金山，要暖和的地带，考虑了很久 Phoenix，能长期不发，希望 break the cycle。但是这比搬到旧金山费事，一直因为感冒耽搁，在家里工作倒还可以，不过好的时候少，乘这时候总是忙得昏天黑地。你下月到 Stanford，我多半在卧病。时间这样消耗下去，需要做的事一件件明摆在面前，坐着说话也心里着急，你不提我也 reminded，还是不谈的好，我想你一定谅解。济安的坟地使我想起西湖的山上。请千万不要特为回信，过天再谈。匆匆祝好，Della，Natalie 都好——

爱玲

五月廿六（一九七二）

【按语】

本信提到了“National Endowment 文艺研究这部门”，我想信五十一、五十四上所提到的 National Endowment for the Arts，都是 National Endowment for the Humanities 的误写。

爱玲四月下旬拆开了《二十世纪中国小说选》的邮包，到了六月底还没有把她自译的《金锁记》看过一遍，实在让人感到惊讶。我自己看到副刊、杂志上有我的文章，总是当天看了一遍又一遍的。

爱玲住在柏克莱，“三分之一的时间在患感冒”，其实应该迁居 Phoenix 或 Arizona、New Mexico 二州的其他都市，身体才会转好。后来决定去洛杉矶，靠近海洋的大都市湿度还是太高，身体也就不易好转了。“我多半在卧病。时间这样消耗下去……”这段文字今天重读，我仍为之感动。

那年六月我去斯坦福参与了一个应该算是第四届的 Sino-American Conference on Mainland China，主办单位是 Hoover Institution。那时里根是加州州长，特为来自台湾的学者和美国华裔学者做了一次谈话，他脸色之红润给了我极深的印象。

志清，

Natalie已經能到哥大去玩，真快！一定非常可愛。NIL Endowment文藝研究這部門，今年恐怕沒有恢復，現在又寫了信去問。「現代中國小說選」自然沒工夫看，你說的一定妥當。「又費心跟Birch提他的文選的事。我實在覺得窘。我們真是因為你曾經提起有我的作品在內，怕你看見沒有，不知道又是怎麼回事，所以解釋這件事的經過。我這次到加州後總有三分之一時間在害感冒，去冬起更是一發一個多星期，好了三四天又發，一直維他命C和肉類吃得不能再多。每次都是天一暖和馬上霍然而癒。戶內暖沒有用，所以終於決定不能搬到三藩市，要暖和的地帶，考慮了很久Phoenix，能多躲不發，希望Ireach也ylla。但是這比搬到三藩市費事，一直出而感冒耽擱，在家裏工作倒還可以，不過好的時候少，乘這時候還忙得昏天黑地，你下月的頭那些，我多半在臥病。時間這樣消耗下去，需要做的事一件件明擺在面前，坐着乾說也不懂看書，（你不提我也reminded。）還是不讀的好。我想你一定諒解。讀字的壞地使我想起西湖的山上。請千萬不要特為回信，過天再談。祝

好，Dolla，Natalie都好！

愛玲 五月廿六

56

志清：

这张便条寄到，也许你正在西行途中。我那篇长文《“文革”的结束》，代理人说也许够做一本短的书，叫我寄给她去推销试试。我因为注中提起那篇短的，预备把短的也寄去，但是副本遗失，只好请你等稍空的时候把你那里讲下放的那篇（*Reeducational Residential Hsia-fang*）转寄给她：

Mrs. Marie Rodell

141 East 55th St.

New York, N. Y. 10022

在你百忙中又给添出事来，实在抱歉。Birch 已经来信，我看了非常惭愧累你费心。匆匆祝路上好，Della, Natalie 都好——

爱玲

六月九日（一九七二）

又，我一方面告诉她托你转寄，省得你再附字条解释。

志清，

这張便條寄到，也許你正在西行
途中。我那篇長文「文革的結束」，代
理人說也許夠做一本短的書，叫我寄
給她去推銷試試，我因為註中提起
那篇短的，預備把短的也寄去，但是
副本遺失，只好請你等稍空的時候
把你那裏講下放的那篇（"Reeducational
Residential Hsia-fang"）轉寄給她：

Mrs. Marie Rodell
141 East 55th St.
New York, N.Y. 10022

在你百忙中又給添出事來，实在抱歉。
Birch 已經來信，我看了非常慚愧累你費
心。匆匆祝路上好，Della, Natalie 都好——

愛玲 六月九日

又，我一ㄅ由告訴她托你轉寄，省得你
再附字條解釋。

57

志清：

我上次来信后，收到Johnson的信，复印一份寄给你看。《“文革”的结束》的性质正如你所说，我也告诉Marie Rodell内容不适于普通读者。她因为这题材许多人有兴趣，愿意试试。我因为很少希望，这类文章又有时间性，预备另寄一份给*China Quarterly*，不过因为注中涉及那篇讲下放的（麻烦你转寄给Rodell，真不过意），那篇仅剩的一个副本上次*Esquire*要看，寄给他们——我误以为还有，找不到——现在催他们还我，要等收到后多印两份，一并寄给*China Quarterly*。由你拿给他们的主编看，当然再好也没有。今天另包寄来二十五页改的。下放那篇以后再补来。Grace仍住原处？我当时一得到凶耗就想起济安的墓不知道会不会要迁移。这一向天热，所以一直没患感冒，在赶工作。这怪病在上海就有，不过不常发。这次查得不能再彻底，医生总是说很健康。仔细考虑后，Phoenix究竟又太热，还是预备就近搬到南加州。除了目前需要做的几件事，也无法再作别的计划。我的老同学说的蓝布衫等很对。你说Natalie不大需要照应，但是忙得半年来没写东西，我想快乐的时候是这样。——

又要费心写序，实在抱歉。匆匆祝

好，问候 Della

爱玲

七月十三（一九七二）

【按语】

美真嫂大家都称她 Grace。世骧的遗体焚化后，骨灰瓮与济安的铜棺葬在同一公墓，美真常去那里同先夫故友“交谈”一番。现在想想，不仅棺材用不到，骨灰瓮也不必安置在泥土里。树仁的铜瓮随我搬家多少次，至今仍放在客厅书架上。我早对王洞说过，我千古之后，骨灰瓮也照例放在家里。

爱玲对我说，感冒“这怪病在上海就有，不过不常发”。我想这是一九三七年她被其父毒打一顿而再禁闭半年所发生的后果。囚禁期间，她患了严重的痢疾，命差不多送掉，身体的 immune system 也必然大受损害，怪不得早在上海期间，这个怪病偶尔也会发作了。在纽约打胎，步入中年后在柏克莱那三年，心境既好不起来，身体对感冒的侵犯也就更难以抵抗了。

我把要为水晶新书《张爱玲的小说艺术》写序的事，信上转告了她，连累她也要向我道歉。

志清，

我上次來信後，收到Johnson的信，複印一份寄給你看。「文革的結束」的性質正如你所說，我也告訴Marie Rodell內容不適於普通讀者。她因為這題材許多人有興趣，願意試試。我因為很少希望，這類文章又有時間性，預備另寄一份給China Quarterly，不過因為註中涉及那篇講下放的，（一併煩你轉寄給Rodell，真不過意，那篇僅剩的一個副本上次Eugene要看，寄給他們——我誤以為還有，找不到——現在催他們還我，要等收到後多印兩份，一併寄給China Quarterly。由你拿給他們的主編看，當然再好也沒有。今天另包寄來二十五頁改的。下放那篇以後再補來。Grace仍住原處，我當時一得到此耗就想起濟安的墓不知道會不會要遷移。這一向天熱，所以一直沒患感冒，在趕工作。這些病在上海就有，不過不常發。這次查得不能再徹底，還是總是說很健康。仔細考慮後，Phoenix究竟又太熱，還是預備就近搬到南加州。除了目前需要做的幾件事，也無法再作別的計劃。我的老同學說的藍布衫等很對。你說Natalie不太需要照應，但是她得半年來往寫東西，我想快樂的時候是這樣。——又要費心寫序，實在抱歉。匆匆祝

好，問候Della

愛玲 七月十三

58

志清：

收到八月十四的信，你写的序我看了感奋。还有为了那篇《“文革”的结束》让你费事找人，我实在感激，这些时一直惦记着写信来道谢，但是因为七八月间出了些新闻，与那篇东西的结论有关，在忙着添写，明知这是浪费时间，不做完它也定不下心来做别的。研究中共当然到此为止，本来也是个 one-shot business，只有这么点材料。今年只有七月热过几星期，我感冒没发过，一交八月又常发，剩下的时间拚命赶，一切别的事都搁了下来，也还到今天才赶完。这病虽然怪，从前住在旧金山的时候，Ferd 有个表弟也过不惯北加州的天气，常感冒呕吐。我要不是最近这两年接连地发，也不去管它。但是每次气温一过七十度，马上好了，所以没办法，终于决定往南搬。跟这里的同事没有来往，没找事。现在的 job market 这样，我又没有学位资历。前些时曾经写信给宋奇夫妇，讲我急于做完手边的几件事，因为老是感冒，预备搬到 Phoenix。几年前我已经在《明报月刊》上说在译《海上花》，似乎不便再向中大申请补助。“文革”等你有空的时候请寄还给我，我下月底搬家，来不及以后再寄也是一

样。*Esquire* 根本没有兴趣，误以为早已还了我。这封信去连夜寄出，匆匆祝

好，Della, Natalie 都好

爱玲

九月廿五（一九七二）

【按语】

《张爱玲的小说艺术》（大地出版社）一九七三年九月卅日初版，但我那篇序一九七二年八月八～九日即已见《中国时报·人间副刊》了。八月十四日那封信若还来不及把序文附去，爱玲自己也是《人间》航空版的赠阅者，故在回信上向我表示了读序后的“感奋”。

爱玲在研究中心两年内所得到的工作成果，再予以一年多时间的修改增补，终于完成了两篇学术报告，精神实在堪嘉！她听从了经纪人的话，希望那篇论《“文革”的结束》之长文可当本专书出版，那篇讲“知青下放”的短文可在《老爷》这样的畅销杂志上刊出。但张在美国既非著名的中共专家，又非拥有英语读者的小说家，写了两篇冷门题目的文章实在帮不了她一点忙的。

张爱玲将于十月底搬往洛杉矶。这是从柏克莱寄给我的最后一封信。

志信，

收到八月十四的信，你寫的序我看了感奮。还有为了那篇「文革的诗」讓你費事，我實在感激，这些时一直惦記着寫信來道謝，但是因为七八月间出了些新聞，与那篇東西的結論有関，在忙着添寫，明知这是浪費时间，不做完它也定不下心來做別的。研究中共當然到此为止，本來也是个one-shot business，只有这么点材料。今年夏天有七月熱过幾星期，我感冒沒發过，一交八月又常發，剩下的时间拼命趕，一切別的事都擱了下來，也还到今天才趕完。这病說也怪，從前住在三藩市的时候，Fred有个表弟也过不慣北加州的天气，常感冒嘔吐。我要不是最近这兩年接連的發，也不去管它。但是每次气溫一过七十度，馬上好了，所以沒辦法，終於決定往南搬。跟这裏的同事沒有來往，沒我事。現在的job mandate这樣，我又沒有學位資歷。前些时曾經寫信給宋奇夫婦，講我急於做完手边的几件事，因为老是感冒，預備搬到Phoenix。几年前我已經在「明報月刊」上說在譯「海上花」，[illegible]手不便一再向中大申請補助。「文革」等你有空的时候請寄还給我，我下月底搬家，來不及以後再寄也是一樣。Bergin根本沒有興趣，誤以为早已还了我。这封信去連夜寄出，匆匆祝

好，Della、Natalie都好

愛玲　九月廿五

六　洛杉矶，一九七二年十月～一九九四年五月

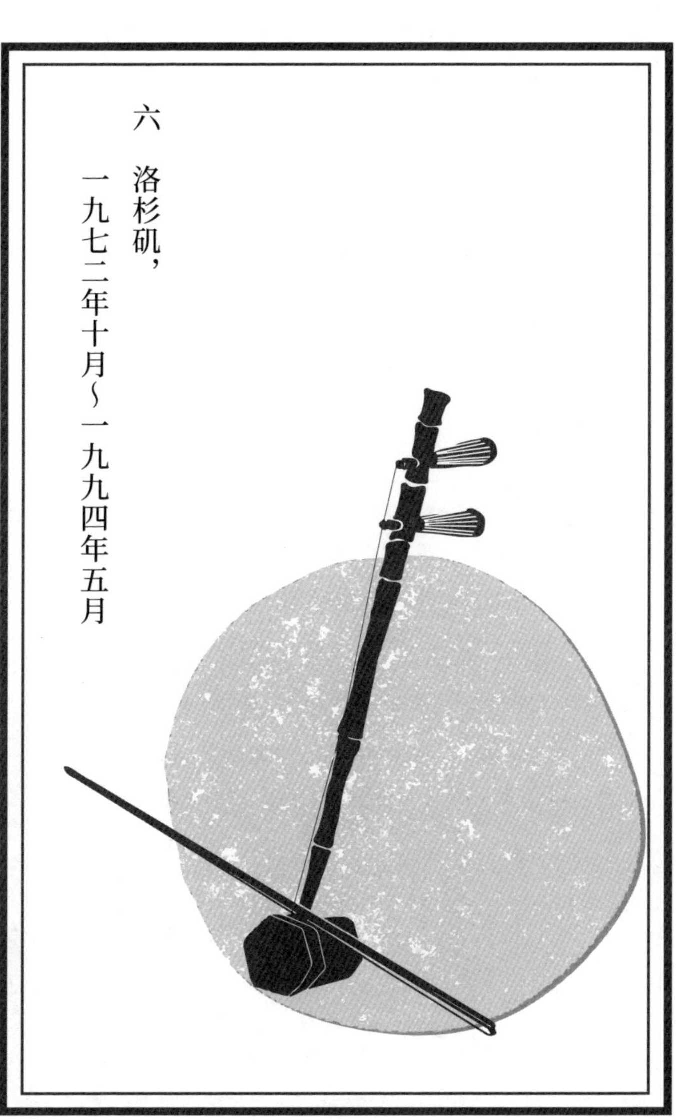

59

志清：

我搬到洛杉矶又遇上寒流，这两天感冒刚好，赶在年前寄个住址来。信正他们俩帮我找的房子非常适合，不过太近中心区，所以尽可能不告诉人。Della, Natalie 都好？祝

新禧

爱玲

（一九七二年圣诞节）

志清，

我搬到洛杉矶又遇上寒流，这两天感冒刚好，赶在年前寄个住址来。信正他们俩帮我找的房子非常合適，不过太近中心区，所以儘可能不告訴人。Della，Natalie都好？祝

and best wishes for the coming year

新禧

愛玲

60

Della、志清、自珍：

宋淇来信说志清每次信上总提到，我真觉得感激。住在这里很好，不过前一向又感冒，从感恩节前拖到现在刚好，许多耽搁已久的事不得不赶紧做，过天再写信。《海上花》被我“骑着茅坑不屙屎”，实在于心有愧。给你们拜年——

爱玲

（一九七三年圣诞节）

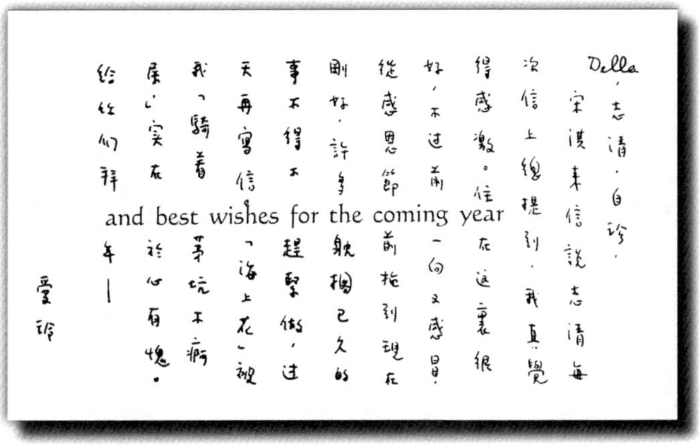
Della，志清，自珍：
宋淇來信說志清每次信上總提到，我真覺得感激。住在這裏很好，不過前一向又感冒，從感恩節前拖到現在剛好，許多耽擱已久的事不得不趕緊做，過天再寫信。「海上花」被我「騎着茅坑不痾屎」，實在於心有愧。給你們拜年 and best wishes for the coming year ——
愛玲

61

志清：

这些时一直没能写信来，是真的忙，这种“无事忙”实在使人无法相信，也是我日常的啰唆事特别多。《中国时报》刊出《谈看书》后寄了三份来，所以分寄两份给你和信正。这篇奇长，一面写着也就懊悔写，因为与读者失去接触的时候，大概最忌写这种漫谈式的散文，不像小说比较有纪律，有个靠傍。——小说这向也一直在写——《谈看书》已经太长，所以有些不想随便乱讲的就没写进去，如 Henry James 的 *The Aspern Papers* 看了印象不深，近年来看了书中所指的拜仑与雪莱太太的异母姊妹的事，却非常有兴趣。西方名著我看得太少，美国作家以前更不熟悉，James 还是一九五三港美新处在考虑要译 *Daisy Miller* 才看的——这些题目都可能记错，因为只有二十年前看过他这一本小说集，这篇讲一个天真的少女，末了在罗马竞技场着凉病逝。厚厚一本集子里我只记得 *The Beast of the Jungle*——写一个人一直有预感会碰着最不幸的事，等了许多年，才知道这件事已经发生了，而这就是 nothing will ever happen to him。我觉得命意好到极点，似乎自传性，不过他晚年作风非常晦涩迟缓，也只能跳着看。此外只有*Washington Square*我先读了舞台剧本再看电影，找原著来看了非常喜欢。当然这不是书评，不过是与我个人的关系。宋奇提过中大也许找我写篇丁玲小说的研究，不过香港没有她早期的小说。洛杉矶只有一本一九五二出的《丁玲选集》，里面有五篇是一九二七～三〇的似乎是引起写农村，转变。我先在就近打听，如果没有，再托你在哥大图书馆看看，要是有别的早期短篇与长篇《韦护》《母亲》，我再寄影印费来请你借出来影印。哈佛燕京我也写了信去问。现在正赶上学年末的忙季，请千万不要特为回信，过几天再谈，但是如果今年暑假预备旅行，走得早的话，就请写个字条告诉我一声。匆匆祝

近好，Della、自珍都好——

爱玲

五月十七（一九七四）

【按语】

七〇年代初期，庄信正在洛杉矶南加州大学教书。亏得有他夫妇的帮忙，张爱玲很快就在好莱坞找到了公寓房子，地址是：

1825 N.Kingsley Drive, Apt.305 Hollywood,CA 90027

寓所虽嫌“太近中心区”，爱玲对它还一定相当满意，否则不会迟至一九八四年才搬家的。

一九七三整整一年爱玲无求于我，没有同我通过信（除了一

张年卡），总表示她身体还不错（虽然感冒好不了），工作也还顺手。《海上花》英译并无进展，但有关《红楼梦》的考证她在《幼狮文艺》上又发表了一篇，表示《红楼梦魇》迟早一定会写完的。

迁居好莱坞后，最让张爱玲感到高兴的，我想是她又进入了“无事忙”的状态。既无公事要办，又不必从事于无聊的中共研究，就不妨多看书，看那些载有点“真人真事”的人类学纪录、社会学调查、历史小说、内幕小说。而且看到了一个逗引她兴趣的题目，她就到图书馆去把与题目有关的书籍，一本本借回家去看，花掉时间之多，“实在使人无法相信”。在康桥那两年，她未把《海上花》译完，即为研究《红楼梦》及其版本的大批新书所吸引而不务正业起来。到了好莱坞（可能在柏克莱时就看开头了），因为研究太平洋群岛固有人种的关系，她把有关十八世纪英国军舰“邦梯号上的叛变”（*Mutiny on the Bounty*，名片中译名为《叛舰喋血记》）这段史实所有的新旧书籍差不多都看了。中国作家间，除了张爱玲，谁会有这样大的傻劲，把一段与中国无关的史实调查得如此清楚的？

《谈看书》《谈看书后记》都是张爱玲“无事忙”时期的产品。“奇长”的《谈看书》在《中国时报·人间副刊》上连载了九天（1974年4月25日—5月3日），每天都以当天的main feature姿态出现，占了很大的篇幅。主编高信疆如此处理这篇张的新作，表示很有魄力，而爱玲自己看到台湾报界对她如此的敬爱，也该是非常高兴的。

《谈看书》谈到的全是作者自己看过的中外古今书籍，其范围之广实在让人感到惊奇。但爱玲在信上还要对我说明一声，“有些不想随便乱讲的就没写进去”——举的实例却只有大小说家亨利·詹姆斯一人。信五十八谓，我为水晶写的序，她“看了感奋”。《张爱玲的小说艺术》一九七三年九月卅日初版，爱玲至迟于收到水晶赠书之后，必然看到了他把《沉香屑——第一炉香》同詹姆斯长篇《仕女图》(*The Portrait of a Lady*)相比的那篇文章了。为此，我在序文里也把这两位“不太相像”的中西作家比一个高下，认为“至少就整个成就而言”，张“还远比不上詹姆斯”。

爱玲信上写了詹姆斯一长段，直陈自己对其四篇小说之个别看法。她眼光非常之准，看后牢记不忘或“非常喜欢”的那两篇——*The Beast in the Jungle*（爱玲把 in 字误记成 of，因为手边无书的关系）、*Washington Square*——也是评者一致叫好的杰作。但此段文字的主旨，我想不在评论而在于告诉我和水晶：谢谢你们把我同詹姆斯相提并论，其实“西方名著我看得太少，美国作家以前更不熟悉”，即如詹姆斯的作品，看后有印象的只不过四五篇，长篇巨著一本也没有看过。假如你们把《谈看书》仔细看了，一定知道我属于一个有含蓄的中国写实小说传统，其代表作为《红楼梦》和《海上花》。把我同任何西方小说大师相比可能都是不必要的，也是不公平的。

62

志清：

廿一日的信与*Pigs for Ancestors*都收到，光是几张照片已经看了又看，书留着慢慢的看。《仕女图》也会去找来看。那两篇旧作小说《连环套》《创世纪》未完，是因为写得太坏写不下去，自动腰斩的，与另一篇《殷宝滟送花楼会》都是在《红白玫瑰》之后，是前一个时期多产的后果。这次给拿去发表，我踌躇了半个月之后没有反对，因为不"出门不认货"，除了《十八春》也从来没用笔名写过东西。这三篇一直不预备收到小说集里，所以没带出大陆，现在也不想收入集子出书，不过隔得年数太久，觉得应当等再看一遍回掉大地出版社，所以耽搁了几星期，等幼狮寄来《连环套》清样，一看实在太糟，记得其余两篇还更坏，赶紧给姚宜瑛女士去信回绝。没想到她等得着急，四下托人，刚赶着这大考期间让你在百忙中写信来，我实在感到抱歉。她收到我的信，又来信叫我改这几篇小说，但是这不是改的事。——《谈看书》里本来也提起文艺与电影主动被动等，因为太长删掉，后来看到你写的《文学的前途》里面已经有了。我也最讨厌relevancy这字。前些时写了两个短篇小说，都需要添改，搁下来让它多 marinate 些时，先写一个很长的中篇或是短的长篇。请不要让症弦他们知道。我投稿都是为了实际的打算，不注重拉稿信，写信来的结果反而得罪人。丁玲的书，UNCA 也有好些冷门的如《一年》（1936）、《一颗未出膛的子弹》（1939）。宋淇最注重她以都市为背景的早期小说，大概觉得较近她的本质。五〇年间的杂志他们有，只缺二〇、三〇年间的书刊。我做这一类的研究当然是为了钱，大概不少，想等确定了再托你影印。等暑假随便几时有空请到哥大图书馆抄点书名给我，不要延安的。不知道有没有下列：

（一）二〇、三〇年间出的小说集。［我最想知道除了《丁玲选集》（1952）前五篇——《梦珂》到《一九三〇年春上海》——还有没有别的这一类的作品。］

（二）《韦护》。（我没看过，是长篇？）

（三）《母亲》单行本。

在洛杉矶的大学如果能借书，付费当然值得，就是路远，去很费事，有些资料也许中大可以供给，所以还没决定托信正介绍。匆匆先寄出这封信。祝

近好，Della、自珍都好——

爱玲

六月九日（一九七四）

【按语】

哥大公寓房子的住客有习惯把要丢弃的书放在门厅或地下室的桌子上，任其他住客选中对胃口的拿回家去。*Pigs for Ancestors*（爱玲后来在信上自译为《猪祭祖》）就是这样一本被丢的人类学著作。我拣了看看书里那些图片很有趣，就把它包装后寄给爱玲了。

她在上一封信里大谈亨利•詹姆斯，我在回信里一定提到了他那部最引人入胜的长篇巨著《仕女图》，即*The Portrait of a Lady*。这部小说一九九六年由女导演Jane Campion搬上银幕，拍得极糟，我看后非常生气。

唐文标教授生前曾为搜求张爱玲四〇年代作品的原刊本做了一番努力，很有成绩。但他未征求原作者的同意，先把有些尚未在台港重刊的作品，投寄杂志去发表，后来再把此类作品放入他自己独“编”的《张爱玲卷》（一九八二）、主编的《张爱玲资料大全集》（一九八四），张对他一点办法也没有，只好在给朋友信上发牢骚。另外一种唐著《张爱玲杂碎》（一九七六）则从左派批评家的立场把张的早期小说作了一个总批判。

唐文标治学相当粗心。他明知《连环套》《创世纪》这两篇未完成的小说皆于一九七四年先后重刊于台北《幼狮文艺》六月号、《文季》季刊第三期（八月十日出版），在他所编的《张爱玲小说系年》里，二者的重刊日期却都提早了一年。见《杂碎》

页一四二～一四三。

台北出版人间，对张爱玲最表示崇拜的要推姚宜瑛女士。她的大地出版社已出了好几种赏析研讨张的书籍，偏偏爱玲自己的文集一本也没有出过。我曾多次致函爱玲为姚宜瑛说项，也没有用。

到了一九七四年六月，爱玲虽因新旧作品推出较多而声誉更隆，她已整整三年没有一份固定收入的工作，自不免恐慌，因之她“投稿都是为了实际的打算”——赚钱。上一封信上她提到香港中文大学有可能找她“写篇丁玲小说的研究”，就不免兴奋起来，要我为她在哥大图书馆找书，此信也如此。“为了钱”，做任何那一类的研究都没有什么难为情，研究丁玲无论如何都要比研究术语有趣得多。但张、丁二人的才华、成就实有天壤之别，以爱玲这样的大天才去花时间研究丁玲，实在是说不通的。后来爱玲并未从事此项研究，信里提到的那些丁玲作品也就不必一一介绍了。

63

志清：

匆匆寄出六月号《幼狮文艺》，也忘了写上下款，反正请留下不用还我。起先本来也就想也许应当转寄给你，但是实在是不急于要你看这篇小说，所以结果没寄。前两天找了信正夫妇来长谈，信正又说你喜欢《谈看书》。我真高兴，那篇东西花了不合比例的时间在上面，这才觉得还值得。宋淇介绍又登在《明报月刊》上，索蕾姐前夫自述部份又加了几句，等收到再把那一段寄给你看。水晶来信已经提过他看到《十八春》，原来是Yale图书馆的。我也觉得丁玲的一生比她的作品有兴趣。根本中国新文艺我喜欢的少得几乎没有。研究她的作品完全是宋淇的idea。我做这一类的事总比我找事congenial。如果我想写论文，怎么会舍得丢下写了一半的《红楼梦》考证，倒又去另找材料。要写当然也需要research，不能有架空的意见。UNCA又问过，只有四本丁玲延安时期到后期的书。Stanford有廿八本，最多些。借书证我以为只要廿几元，能向别的图书馆转借。信正问知要一百多块，替我申请免费。这比较麻烦，如果不成功，反正我去把Berkeley, Stanford的书目抄下来，信正可以托朋友代影印。

收到你寄来的书目，更放心了。香港有得买当然最好了。现在我写了信去告诉宋淇有些什么早期的书。等确实知道中大是要这篇东西，就先向文辉订购，看集子里还缺些什么，再托你影印。不是十分冷门的我不放心寄来寄去。你认识的美国女作家——Gold（？）一九六七写的书提到丁玲，有五〇年间中共杂志期数可查。随便几时写信记得的话就请把她的名字与书名再告诉我一遍，不忙，请不要特为回信。看到信正那里的Della和你与自珍的照片，祝

都好——

爱玲

六月卅日（一九七四）

【按语】

我藏有《拉维达》（*La Vida: A Puerto Rican Family in the Culture of Poverty —— San Juan and New York*）的纸面本，乃作者路易斯（Oscar Lewis，1914—1970）去世后，庄信正弟特于一九七一年正月从加州邮寄给我的。张、庄二人不约而同地对路氏感兴趣，可见此人当年文名之高。我住在哥大附近，所有店铺里的服务员差不多都是波多黎各人，就很难对他们真有研究的兴趣，但若要对张爱玲有进深一层的了解，则像《拉维达》这样她真心喜爱的书籍是非读不可的。此书共有五部分，索蕾妲

（Soledad）的故事归为第二部分，她的前夫叫亚土若（Arturo）。

在六七〇年代，美金值钱，我不断向香港文辉或万有图书公司邮购大陆出版的中文书籍，非常便宜，这样才建立了一个中国古今文学的基要收藏。到了七〇年代，仍在大陆销售的丁玲著作已没有几种，她三四〇年代的作品即使在香港也不易买到了。

一九六七年抵达康桥后，爱玲信上曾两次提到过 Merle Goldman。不知如何，到了一九七四年，连她的姓名也记不起来了。

志清：

多久寄出六月号幼狮文艺，也忘了写上下款，反正请留下不用还我。起先本来也就想也许应当转寄给你，但是实在是不急於要你看这篇小说，所以结果没寄。前两天我了信正夫妇来长谈，信正又说你喜欢〈谈看书〉。我真高兴，那篇东西花了不合比例的时间在上面，这才觉得还值得。宋淇介绍又登在明报月刊上，（宋书把前夫自述部份又加了几句，）等收到再把那一段寄给你看。水晶来信已经提过他看到〈十八春〉，原来是Yale图书馆的。我也觉得丁玲的一生比她的作品有兴趣，根本中国新文艺我喜欢的少得几乎没有。研究她的作品完全是宋淇的idea。我做这一类的事总如我事congenial。如果我想写论文，怎么会丢下（舍得）写了一半的红楼梦考证，倒又去另找材料。要写当然也需要research，

不能有架空的意见。UCLA又问过，只有四本丁玲延安时期到后期的书，Stanford有廿八本，最多些。借书证我以为只要廿几元，能向别的图书馆转借。信正问知要一百多块，替我申请免费，这比较麻烦，如果不成功，反正我去把Berkeley Stanford的书目抄下来，信正可以托朋友代影印。收到你寄来的书目，更放心了。香港有得买当然最好了。现在我写了信去告诉宋淇有些什么早期的书。等确实知道中大是要这篇东西，就先向文辉订购，看集子里还缺些什么，再托你影印。不是十分冷门的我不放心寄来寄去。你认识的美国女作家——[illegible]（二）1967写的那本关于中共的书，提到丁玲获罪经过，有五〇年间中共杂志期数可查。随便几时写信记得的话就请把她的名字与书名再告诉我一遍，不忙，请不要特为回信。看到信正那里的Della和你与自珍的照片，祝都好！

爱玲 六月廿日

64

志清：

梅仪慈关于丁玲的论文很重要，你批得也对极了。港大因为不景气，不需要研究丁玲了。上次托你查书目，大热的天去图书馆白跑一趟，真对不起。虽然现在不需要这些资料，还是不能不 take notes，不然万一要起来又费事。刚巧这一向忙，直到前两天才寄了下来，另包寄还，附上《谈看书》加的两句，这本《明报月刊》我只有一本，便中仍请掷还。顺便把信正的新址写给我——我忘了留信封，所以住址丢了——都不忙。上次幸亏你破例把我的住址给了那 Smith，他对《荻村传》实在热心，尽管这本书不大有希望。唐文标这人有点神经，我反正骂疲了也不当桩事，但是又连累你，真觉得负疚。《猪祭祖》开头比较沉闷，越看到后来越是又发噱又有启发性。你闹肚子幸而没有 complications，不知道完全恢复了没有？ Della、自珍都好？

爱玲

十一月十五日（一九七四）

【按语】

梅仪慈是梅光迪的长女，五〇年代初期即在哈佛读比较文学。后来嫁给哈佛同学、中国经济史专家Albert Feuerwerker，故其英文全名为Yi-tsi Mei Feuerwerker。

五〇年代初期，我在耶鲁小教堂里参与一个婚礼，初次见到了梅仪慈，原来她也是新娘、化学博士刘天眷的朋友。一九七四年八月下旬我赴麻州Dedham小镇参与一个中国现代文学大会（召集人即是Merle Goldman），梅仪慈也在场，提供了一篇讲丁玲的论文。张爱玲既有意研究丁玲，很可能返纽约后我即写信给她，并附寄了一份梅的论文。同时我把开会期间“闹肚子”的事也告诉了她，回信上这两件事她都曾提及。

爱玲未做吃力而不讨好的丁玲研究，真为她高兴。梅仪慈却继续研究下去，终于完成了一篇哈佛博士论文，一九八二年由哈佛出版社所发行，正标题即为《丁玲的小说》（*Ding Ling's Fiction: Ideology and Narrative in Modern Chinese Literature*）

我自己的一场灾难，却没有逃过，想想实在冤枉。一九七四年我才五十三岁，虽曾患有十二指肠溃疡，早已痊愈，从未生过得住院的大病。一九七二年添了自珍，虽忙不过来，身体还是很不错的。一九七四年那年亚洲学会在波士顿举行，我特地组织了一个评介台湾文学的Panel，四月一日下午二时由罗体模（Timothy A. Ross）、白先勇、刘绍铭、王靖献（杨牧）四人主讲，茅国权作评，台下挤满了人，我做主席的脸上很有光彩。同晚或隔了一天乘飞机返纽约，半小时即可抵达La Guardia机场，再乘出租车返家，非常方便。偏偏那班飞机上有位哥大女同事，她住在乡下，对她来说，先乘公共汽车到曼哈顿火车站，再改乘火车方能到家。她要求我跟她同坐公交车，一路有伴谈话，我当然只好答应，多花些时间也没有关系。公交车终于停了，我按照西洋礼貌，立刻站起来双手高举去拿同事的手提箱。一来我人不够高，二来我气力不够大，箱子尚未搬动，而后排一个大汉，右手提了箱子向前冲来，我毫无防备，正打中我完全exposed的腰部，真的生平从未忍受过这样大的痛苦。从此身体不对，看自己的内科医生一点用也没有，也想不到去找位名医看看。麻州开会之前，先写了一篇八九十页的论文，对身体当然没有好处。开会三天，“闹肚子”不停，才会致函爱玲诉苦，但严重的病情还在后面。

庄信正在洛杉矶加州大学教了四年，决定改行去纽约联合国工作。但一九七四年六月离开加州之后，他偕太太杨荣华先去Bloomington住了半年，秋季那学期且在母校印第安纳大学开了两门课。爱玲丢了信正新函的信封，故向我索取地址。庄氏夫妇十二月底到达纽约后，先住在Queens区Corona小镇，一九七六年才购屋定居在Eastchester这个郊区。

我有一份爱玲致水晶函（一九七四，四月五日）的影印本，已不能确定她附寄在哪封信里给我的，本信既谓“唐文标这人有点神经”，就把它附录在这里。但它也可能是信六十三的附件，该信提到了那期“六月号《幼狮文艺》”和“水晶来信”。

水晶，

昨天匆忙中给你和贵友写信，忘了提《创世纪》《连环套》未完，与《列女传》都是我自动腰斩的。又，那些集体照片上有些有干碍的人物，不便发表，不犯着又招骂，于我姑姑也有碍。今天补张便条来，万一这些材料已经都寄出，又另给《幼狮》编辑痖弦去信，附了一段引言——另抄了份在这里给你过目。匆匆祝

好

爱玲

四月五日

——水晶先生与他的朋友唐文标教授来信说，文标先生在加州一个图书馆里找到我三十年前几篇旧作，建议重新发表。《姑姑语录》是我忘了收到散文集里面，小说《连环套》《创世纪》未完，是自己感到不满，没写下去，《殷宝滟送花楼会》更不满意，因此一直没有收录到小说集里，这一点需要说明。对于他们二位的热忱，也应当再在这里致谢。

一九七四年四月——

65

志清：

多谢给我《文学的前途》，这向忙，都还没来得及看。那本《明报月刊》也收到了，年前来信托代回绝王敬羲，想也已收到。宋淇建议替我选几篇小说出个选集——这要等有篇新的加上去——所以我去信顺便提起《连环套》《创世纪》的事，照你说的加上几篇散文出书。宋淇跟香港的文化·生活出版社说了，版税也特别优待，我觉得也许比大地好，决定由他们出，这次封面要自己看过。《创世纪》我没有，只好请把你那本直接寄给宋淇，错字等看清样的时候再改。撕下来如果麻烦，整本杂志作为空邮印刷品是 70¢ 1st 2 oz.， 35¢ each additional 2 oz. 你大概寄惯的，但是我怕你或是 Della 特为去趟邮局，宁可唠叨些。匆匆祝你们俩都好。自珍好——

爱玲

一月十五（一九七五）

【按语】

《文学的前途》是纯文学出版社为我出版的第二本文集，

一九七四年十月初版。《文学的前途》此文是我特为《幼狮文艺》二十周年纪念专号（一九七四年三月号）而写的。同期也载有张爱玲的《初详红楼梦——论全抄本》。主编痖弦请到为该期撰稿的其他名家计有：学者侯建、叶嘉莹、林以亮（宋淇）、刘绍铭，散文家王鼎钧、周梦蝶，诗人洛夫、余光中、杨牧、罗青、小说家朱西甯等人，阵容之强，在台湾杂志界应算空前。

爱玲提到的那本小说、散文合集即是《张看》，一九七六年三月香港初版。想不到此书的形成同我也有些关系。该书香港版封面不仅作者“自己看过”而已，也是她自己设计的，非常美观而有个性。

66

志清：

收到廿三日的信，实在歉疚到极点，在你病中还要赶紧寄杂志到香港，给你们添麻烦，真是过意不去。虽说 ulcer 不是严重的病，这次来势汹汹，是真吓人。上次不舒服是否与这有关？Diet 是不是麻烦？幸而有 Della 料理。那一期《文季》我没看见，署名迅雨的不知道是什么人。你也许需要留着备考，我想这一本有去无还，即使拿回来也一定很脏，已经托人另买一本寄给你。文化·生活给我出那本书，在台湾由皇冠经销，我因为基本上不想换出版人，觉得这样安排比较合适。我知道大地也一样可靠，但是姚宜瑛与我太个性不合。例如屡次信上说我去台湾一定去接，热烈招待等等，虽然不预备去也看了头痛。当然西方出版家也有这一套，我总视为义务而不是权利，要优待只能表现在合同条件上。她很爽直地表示我写的东西只比较喜欢《半生缘》，这我倒完全不介意，因为我对出版人只要他业务化，所以一直对平鑫涛没有感到不满。大地的封面虽然比皇冠好些，我太疙瘩，不是自己搞也还是不会满意的。她最近又有信来，我过天会再去信，婉转点跟她解释。信正夫妇倒已经到纽约了！那本旧照相簿准定有一天给你和 Della 看。希望你复元得快，千万保重，信也不要写了，等好了有空的时候再写——

爱玲

一月二十九（一九七五）

【按语】

到了一九八二年我才开始记日记，因之七〇年代的大事，手边都无简要的可靠记载。一九七四年底何日进院，七五年正月何日出院，除非去广查当时留下的资料，都无法确定。我那时缺乏医学常识，马桶里看到了亮晶晶的黑色大便，也不知自己的胃肠在流血。流了几天，身体愈来愈虚弱，某晚有客来，竟无力接待，只好由王洞陪我到 Sr. Luke's 医院去。我家住西一一五街，医院急诊室即在一一三街，跨过两条横街即到，但走了四五分钟，血一定还在流个不停。亏得进院后一查知道病况，即送病房，把身体镇静下来，不再出血。我住院约十天左右，可能不到两星期。那位客人翟蕙琰（Marie Chan）是陈世骧夫妇的干女儿，在柏克莱加大比较文学系拿到博士学位后即到东部白朗大学执教。想是来纽约参与 Modern Language Association 的年会，才顺便来拜访我们的。MLA 的年会通常是在十二月廿五日之后，元旦之前举行的。

四月初无辜受伤，想不到要到年底出血住院后才算大难已过。身体当然不可能很快复元，但我细读了营养学专家 Adelle Davis 的两本书 *Let's Eat Well to Keep Fit*，*Let's Get Well*，听从她的指导，健康情形也就真的慢慢转好了。

志清：

收到廿三日的信，实在歉疚到极点，在你病中还要替我寄杂志到香港，给你们添麻烦，真是过意不去。听说ulcer不是严重的病，这次来势汹汹，是真嚇人。上次不舒服是否与这有关？Diet是不是麻烦？幸而有Della料理。那一则"文字"我没看见，署名逃雨的不知道是什么人。我想这一本有害无益，他也许需要留着备考，即使拿回来也一定很难，已经托人另买一本寄给你。文化、生活给我出那本书，在台湾由皇冠经销，我因为基本上不想换出版人，觉得这样安排比较合适。我知道大地也一样可靠，但是姚宜瑛与我太个性不合，例如屡次信上说我去台湾一定去接，热烈招待等等，虽然不预备去也看了头痛。当然西方出版家也有这一套，我总认为义务而不是权利，要优待只能表现在合同条件上。她很爽直的表示我写的东西只比较喜欢《半生缘》，这我倒完全不介意，因为我对出版人只要他事务化，所以一直对平鑫涛没有感到不满。大地的封面虽然比皇冠好些，我太疙瘩，不是自己搞也还是不会满意的。她最近又有信来，我还是会再去信，婉转点跟她解释。信正夫妇倒已经弄到细的了！那本老照相簿准定有一天给你和Della看。希望你复原得快，千万保重，信也不要写了，等好了有空的时候再写——

爱玲 一月二十

67

志清：

我不知道迅雨是傅雷的笔名，宋淇来信提起，原来就是傅雷那篇书评。《幼狮》转载的我译炎樱的《浪子与善女人》旧文，我也忘了里面有她写给胡兰成的一封信。宋淇屡次问是否能收进单行本，我还当是因为是译者，总是告诉他可以，直到前几天看到《幼狮》，赶紧打电报去，恐怕已经发排了再抽出，头痛万分。那本书由文化·生活出版，皇冠不过有些地区经销。合同也还没签，宋淇这一向又不大舒服，所以我请他不要写信来。因此我也还没给姚宜瑛写信，怕王敬羲辗转听见了又要出花头。如果你还没给她覆信，就请先搁一搁。我忘了提一声。为了盗印问题争取时间，除《创世纪》外也不预备自己校了。上次皇冠出书是怪我自己太不管，告诉过他们把“妳”全改回来，也都没 check 过，不是你说，至今不知道“依然故妳”。——这次请无论如何不要再回信了，等康复了总又要大忙一个时期，也请不要抽出时间覆信。Della，自珍都好？

爱玲

二月十四（一九七五）

【按语】

傅雷（1908—1966）是著名的法国文学翻译家，也是名钢琴家傅聪的父亲。他那篇《论张爱玲的小说》原刊于上海《万象杂志》（一九四四年五月号），重印于唐文标《张爱玲杂碎》。爱玲当年看到傅雷评文后，立即写了篇《自己的文章》（见《流言》）为自己的小说辩护，尤其那篇正在连载而即遭受痛击的《连环套》。在《张看》自叙里，她却承认《连环套》“通篇胡扯”，重读“不禁骇笑”，好像只有把这部未完成的长篇加以全部否定，才能洗雪当年枉遭苛评之耻辱。《连环套》的读者当应参阅《自己的文章》，不为《张看》自叙所误导才对。

张译《浪子与善女人》见《张爱玲资料大全集》页一五六～一六二。主要节目即是炎樱写给胡兰成的一封长信。信里她称胡为“兰你”，想是 Lenny 的音译。

68

志清：

你当陪审员，想必已经完全康复了。记得你说过以前还陪审过一次，是盗窃公款案？是谋杀案就好了！这次的也已经够有兴趣的。大概不需要住旅馆与外界隔绝？荣华有喜了，信正的父母听了该多高兴。我这一向一直在忙着写个长篇小说《小团圆》，写了一半。《文学的前途》都还没来得及看。这就去给我那老同班生写封简单点的信。Della、自珍都好？希望这次去台一切愉快——

爱玲

七月十九（一九七五）

【按语】

来纽约后，我每隔两三年总给传票到一个法庭去值差（常去的共有三个），碰巧会有当陪审员的可能。但我教育程度太高，不能为律师所说动，通常刑事犯的律师不会选上我。譬如说，六〇年代黑豹党（Black Panthers）犯法的人很多，那些为黑豹（当然是黑人）辩护的律师，只要你曾听到过“黑豹”这个名词，就不要你陪审。因之来纽约以后，从四十一岁到六十五岁，我值差了好多次，只当过一次民事案的，一次刑事案的陪审员。一九七五年那次刑事案，案情实在太简单，那个刑事犯一定判罪，所以连我这样的教授陪审也无所谓了。某日上午，一家保险公司的副经理如厕，用的是大楼某一层的公用厕所。他坐在马桶上，有人从小间隔墙爬进来，把他打昏，抢走了他的钱包。我在信上可能案情也没说明，爱玲却大感兴趣。

信上提到的那位“老同班生”乃Mrs. Kathleen Cherry，澳大利亚悉尼市居民，在悉尼大学珍本图书馆任职。她于一九七五年六月十六日寄我一信，谓她也在该校读一个主修中文的honours degree。看了我的《小说史》，决定即以张爱玲为题写篇毕业论文，因为，早在一九三九年九月她跟爱玲即是香港大学的一年级同学了。她也附了一封信，托我寄给爱玲。

69

志清：

信正的消息虽然意外，想起我好两次说他前进，不禁笑了。物价涨，但是我跟你们情形不同，又等于从来没有过固定收入，习惯拿到点钱就留着过日子，也不怎么省，就是不会撑场面。勿念。出书的事需要再考虑一下，我本来也确定会有人盗印。我知道王敬羲，登在他的杂志上恐怕以后有麻烦，更公然盗印。只好请代回绝，也许就说预备出书，不能再转印。《创世纪》——是写我祖母的妹妹——我没有，《文季》没寄来，我写过一封信给编者王拓，请他在末尾加上个一九四四，也没有回音。《明报月刊》我知道你经常看，寄那份来是因为补的两句做了个记号，省得你再看一遍。《中国时报》上的那封公开信寄来了。为了个 affair 而离婚，结果又没结婚的也很多。三十年不见，大家都老了——胡兰成会把我说成他的妾之一，大概是报复，因为写过许多信来我没回信。《济安日记》还没来得及看。Della，Natalie 都好？顺便拜年！

爱玲十二月十日（一九七五）

志清：

信正的消息虽然意外，想起我好两次说他前进，不禁笑了。物价涨，但是我跟你们情形不同，又等于从来没有过固定收入，习惯拿到点钱就留着过日子，也不怎么省，（就是不会撑场面。）勿念。出书的事需要再考虑一下。我本来也确定会有人盗印。我知道王敬羲，登在他的杂志上恐怕以后有麻烦，更公然盗印。只好请代回绝，也许就说预备出书，不能再转载。「创世纪」是写我祖母的妹妹——我没有。「文季」没寄来。我写过一封信给编者王拓，请他在末尾加上个1944，也没有回音。明报月刊我知道你经常看，寄那份来是因为补的两句做了个记号，省得你再看一遍。中国时报上的那封公开信寄来了。为了个affair而离婚，结果又没结婚的也很多。二十年不见，大家都老了。胡兰成会把我说成他的妻之一，大概是报复，因为写过许多信来我没回信。济安日记还没来得及看。Della、Natalie都好？顺便拜年！

爱玲 十二月十日

70

志清，Della，自珍：

几时看见信正荣华请替我恭喜他们。《二详红楼梦》另包寄上。大概因为篇幅关系，分段的两行空白全给删了，更不清楚。我只有这一份，以后请两期一并平邮寄给我，不忙。

爱玲

（一九七五年圣诞节）

【按语】

有关庄信正的“意外”消息，隔了多少年，连他自己也想不起来了。他在柏克莱那几年，交识了不少来自台湾的“前进”分子，唐文标即是其中的一位。

信正、荣华的长女修笠（Barbara）出生于一九七五年十月十九日。为此，爱玲要我向他俩致喜。时间过得真快，现修笠已为人母，在Boston做律师。

由我校注的《夏济安日记》台北言心出版社一九七五年秋季初版。此书在台湾已绝版多年，二〇〇六年由九歌重版。一九九八年十一月却被列入《新世纪万有文库》，由沈阳辽宁教育出版社发行。

71

志清：

看到《中国时报》上你给编辑的信，很高兴钱钟书还在世。你引他那段《谈艺录》我觉得非常明白清楚，颜元叔骂得真无聊。我年前正赶写《小团圆》忙昏了——此后在添改——收到梨华的孩子们一张贺年卡："刚从中华人民共和国回来的孙家贺"，没看清楚。最近宋淇来信说她去过大陆，我无意中又看见这张卡片，才注意到，不然也就不会把她的索稿信转给宋淇代理。你几时要是看见她，也许可以告诉她我闹的这笑话，免得她误会了，以为不给稿子都是宋淇作梗。我觉得与信正的事情形不同点，因为尽管政见不同，信正现在的工作又与我无干，平时也很少来往。

匆匆祝

近好，Della、自珍都好——

爱玲

三月九日（一九七六）

【按语】

一九七五年十二月，宋淇兄寄我一信，误将钱钟书去世的谣传当确讯转告，我情不自禁，竟写了一篇长文《追念钱钟书先生——兼谈中国古典文学研究之新趋向》，寄《中国时报》去发表。文中未提及台大外语系颜元叔教授，但颜在《人间》（1976 年 2 月 9—10 日）上见到了拙文后，以为我在骂他，即为同一副刊写了一篇《印象主义的复辟？》（3 月 1—2 日；海外版，2 月 29—3 月 1 日），对我大施攻击。爱玲看到颜文后，来信表示反感。

《谈艺录》是钱的一部诗话名著。

於梨华的第一任丈夫乃孙至锐教授，故其一子二女皆姓孙。

72

志清：

前几天写了封信来，刚与你三月六日的信交叉错过了。我也在说颜元叔“无聊”——当然是想跟你笔战以增身价——再看下去更笑了起来。你定做的那篇小说就是《小团圆》，而且长达十八万字（！）。出书前先在《皇冠》《联合报》连载，一定转寄给你。济安的日记与三本《皇冠》收到了还没工夫拆开。又还要你费事去邮局寄 Special Handling，真不过意。以后请千万不要，risks 我都会考虑到的。近来想必健康——

爱玲

三月十五（一九七六）

【按语】

此信第二句最后四字“笑了起来”下面，原是个逗号，我已把它改为句号。写此信时，爱玲显然已把长达十八万字的《小团圆》初稿写就，而且已同《皇冠》、美国《世界日报》说好，由此二报刊同时连载。爱玲以前的信上早已提到过《小团圆》，此信才点明小说是我出的主意，它是特为我“定做”的。《小团圆》

在宋淇夫妇相继过世后，由其公子宋以朗授权，迟至二〇〇九年才由皇冠出版。其中曲折，请参阅该书前言。

73

志清：

我前两天的第二封信上（日期大概也错了）又把《世界日报》误作《联合报》，所以又匆匆补张便条来。Della、自珍与你都好？

爱玲

三月十八（一九七六）

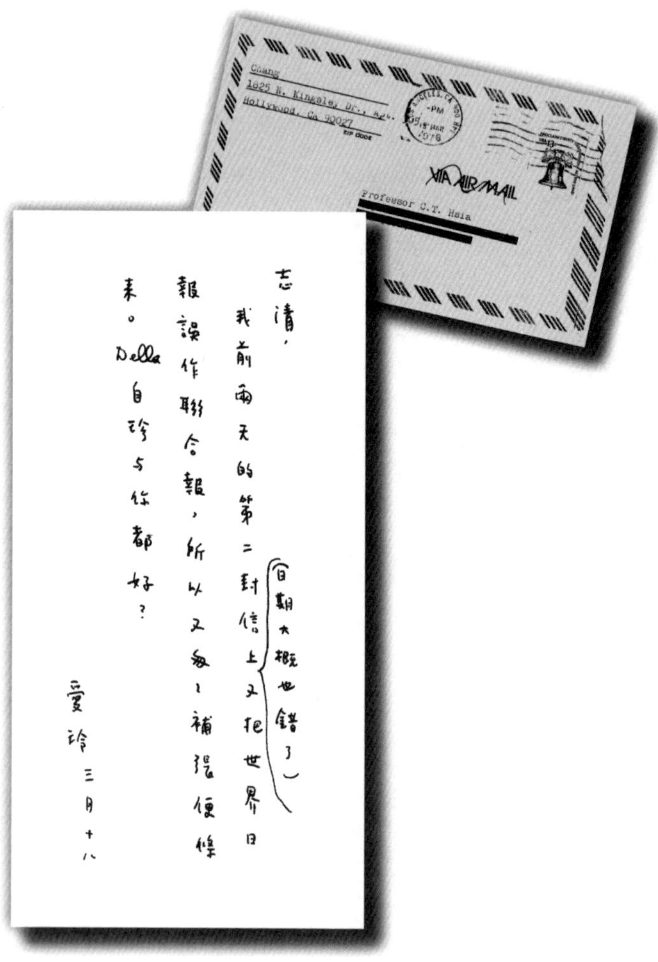

志清，

我前兩天的第二封信上（日期大概也錯了）又把世界日報誤作聯合報，所以又匆匆補張便條來。Della自珍與你都好？

愛玲 三月十八

74

志清：

忙到今天才拆开邮包，多谢给我《济安日记》，马上狼吞虎咽看了序与前几页，有兴趣到极点。这段以后还要再看一遍。我在 euphoria 过去之后发现《小团圆》牵涉太广，许多地方有妨碍，需要加工，活用事实。请代 soft-pedal 根据事实这一点。因为需要解释一声，所以又来信，请千万不要特为回信，等下次有事再写，我知道你这阵子又极忙。Della、自珍与你都好？

爱玲

四月四日（一九七六）

我已经给梨华写了封友善的回信，不用托你带话了。又及

【按语】

爱玲最爱看真人真事，所以一见到《夏济安日记》，就“马上狼吞虎咽”看了我的序和日记的前几页，觉得“有兴趣到极点”。不管是否讲她同胡兰成这段情，《小团圆》写的显然都是她熟知的真情实事，写完初稿后也就特别兴奋、开心。但爱

玲是非常谨慎小心之人，euphoria 一过，重读初稿就觉得不妥，“需要加工”，“事实”不宜如实写来，而应加以“活用”。连我她都要关照一声：如同朋友讲起《小团圆》，绝不要强调，只能 soft-pedal“根据事实这一点”。

75

志清：

我自己是写三封信就是一天的工作，怎么会怪人写信不勤，而且实在能想象你忙的情形。Ulcers 复发也真使人心焦，幸而这次恢复得快。颜元叔那篇答覆太恶劣了，完全泼妇骂街，我看不下去。觉得像稳中选的与没希望的候选人辩论：白便宜了他，他虽败犹荣。我是真的看了《夏济安日记》许多地方惊异震动，对人性若有所悟。唐文标的《杂碎》自然不会送我一本，我也一点好奇心都没有，随他骂去。听说书中还说我极力襄助，也真亏他瞪着眼说谎。《小团圆》还早呢。我还是'60 去台湾的，还赶上看见些旧建筑。都拆了不知道叫游客去观光什么？说我一定好久不伤风了，正又暑天着了凉，等于热伤风，不过我从来不伤风，马上变感冒。Della 与自珍这一向都好？

爱玲

七月廿八（一九七六）

【按语】

我看了《印象主义的复辟？》后所写的《劝学篇——专覆颜

元叔教授》，《人间》副刊迟至四月十六～十七才刊出，想是因为怕开罪颜教授。此文一出，大为轰动，颜的答覆《亲爱的夏教授》（《人间》五月七～八日，即信上提到的那篇），我就不必加以理睬了。《劝学篇》与《追念钱钟书先生》皆见《人的文学》，纯文学出版社一九七七年初版。同《夏济安日记》一样，此书已给辽宁教育出版社收入了它的《新世纪万有文库》。此版我尚未见到，内容同纯文学版不一定尽同。

76

志清：

昨天的信刚寄出，又想起来忘了说你的学生王君去年来信，正是我忙得发昏的时候，想稍迟作覆，就此忘了，真是荒唐，今年六月初才发现，赶紧写了信寄到他宿舍去，希望还没放暑假。

祝

好

爱玲

（一九七六年七月廿九）

【按语】

明信片正面邮戳上的年份是一九七六年，但何月何日都模糊不明。四月四日至七月廿八日之间，爱玲没有给过我一封信。寄出信七十五后，她忽然想起有件小事要补叙一下，我给明信片的日期应该是不错的。

志清：

昨天的信剛寄出，又想起来忘了說你的學生王君去年来信，还是我忙得發昏的时候，想稍遲作覆，就此忘了，真是荒唐，今年六月初才發現，趕緊寫了信寄到他宿舍去，希望还没放暑假。祝

好

愛玲

77

志清，Della，自珍：

多谢给我*Chinese Stories fr.Taiwan*。今年一年过得特别快，忙得没停。入冬以来轻性感冒拖到这两天刚好，都没去买贺年片，只好用去年的。祝

好

爱玲

（一九七六年圣诞节）

【按语】

Chinese Stories from Taiwan: 1960—1970 哥大出版所一九七六年初版，刘绍铭主编，选择了陈若曦、王文兴、陈映真等名家凡十一人。我为此集写了篇前言，中译本改称《台湾小说里的两个世界》，收入我的《新文学的传统》（时报文化出版公司，一九七九；新星出版社，北京，二〇一〇）。

志清、Della、自珍、

多謝給我"Chinese Stories fr. Taiwan"。今年一年过得特別快，忙得沒停。入冬以來輕性感冒拖到这兩天剛好，都沒去買賀年片，只好用去年的。祝

Season's Greetings
and best wishes
for the New Year

好

愛玲

78

志清：

多谢寄《人的文学》来。我那篇小说《小团圆》需要改写，相当麻烦。“四详”“五详红楼梦”登在《皇冠》与《中国时报》上，都错字很多，单行本原定六月出版，所以我想索性等收到样本再转寄给你，免得大包的杂志报纸分几回寄去又还要寄还。但是因为单行本清样寄来给我校，又改了些，以致出版延期，因此先补封短信来。夏天你们也许出去旅行了。希望近来好，Della、自珍都好。

爱玲

六月廿九（一九七七）

志清，

多謝寄「人的文學」來。我那篇小說「小团圓」需要改寫，相當麻煩。「四詳」「五詳紅樓夢」登在皇冠与中國时報上，都錯字很多，單行本原定六月出版，所以我想索性等收到樣本再轉寄給你，覺得大包的雜誌報紙分几回寄去又还要寄还。但是因為單行本請樣寄來給我校，又改了些，以致出版愆期，因此先補封短信來。夏天你们也許出去旅行了。希望近来好，Della自珍都好。

愛玲 六月廿九

79

志清：

有这么巧的事——应当说不巧——那天刚写信给你投入楼下的邮筒，就手开信箱，你的信就在里面。我总是尽先看图书馆两星期内要还的书，《爱情·社会·小说》与《人的文学》都还没细看。等《红楼梦魇》出版了，也请**千万**不要特为誊出时间来看，我不过要搁一本在你那里。不记得告诉过你没有，前些时在《幼狮》上看见译的*Daisy Miller*，才想起'54 USIS有意叫我译，给我看厚厚一册James的小说，竟会忘了。我只喜欢晚年的一篇*The Beast in Jungle*，虽然文字晦涩，觉得造意好到极点：这人——也许有点自传性——一直有预感会遇到极大的不幸，但是什么事都没发生，最后才悟到这不幸的事已经发生了。这些年后再看中译*Daisy Miller*，还是觉得结局有点软弱evasive。我对朋友的见解从来不要求一致—— or expect it ——不然早已一个朋友也没有了。沈登恩是胡兰成的出版人，曾经写信来要替我出书，说"胡先生可代写序。"我回掉了之后还纠缠不清，只好把送的书都退了回去。又去见宋淇，说现在知道错误了，胡兰成的书也已经都收回了。前一向又听说仍在经售。我根本没信沈的话。请代回绝，《赤地之恋》再版只好再等机会。皇冠出全集的时候，这一本也签了约，没印，想必销路关系。祝近好——今年夏天累一点，幸而你 enjoy it。大概教大学教员较有趣。Della、自珍都好？荣华倒又有喜了！！

爱玲

七月十二（一九七七）

【按语】

三年之内，爱玲倒两次在信上讲起了《丛林野兽》。这篇小说我想真正的张迷也应该有勇气去读它，我在这里不妨先把它的情节、思想和创作背景略加说明。《野兽》的男女主角叫 John Marcher, May Bartram。二人第一次在意大利见面，二十五岁的约翰即把他在等待大灾难的个人秘密告诉了二十岁的梅女士了。十年后二人在一幢媲美博物馆的英国收藏家大宅里相逢，约翰对似曾相识的梅女士，兴趣仍非常之浓。十年之间，他未必把心底秘密告诉过其他任何人，但无意中与梅重会，他又禁不住在她面前吐露了一番。这次梅也答应不再离开他，跟着等候“野兽”之来临。

但期待中“最不幸的事”，其实也可能就是改变平凡人生，赐予最大幸福的一个“奇迹”。第二次见面时，梅即问，那个“消灭自我”（annihilating me），“改换一切”（altering everything）的恐怖经验，可否即是对“坠入情网之期待”（the expectation...of falling in love）？约翰太自我中心，听不出也听不懂女方问句之深义而即加以否定。多少年之后，梅已病入膏肓，约翰倒紧张起来，难道她的逝世即是在他期待中的大灾难、大事情？梅笑道：这不是。它已经来过了，可惜你一直未注意到，现在它要去了。年轻时约翰在意大利见到了梅，假如他有勇气不顾一切自私的考虑，无条件去爱她，二人就进入了一个“消灭自我”“改换一切”的新天地、新境界。一般人世俗考虑太多而不敢大彻大悟地去大爱。其实大作家也何尝不是如此？亨利·詹姆斯一生致力于写作，冷眼旁观人生而自己反不能热情地投入生活中。进入晚年后，自感生活空虚，才会写出《丛林野兽》这样的小说来的。

詹姆斯有个朋友叫康斯登斯·乌尔森（Constance Fenimore Woolson）。她也是常居英国、欧陆的美国作家，且是名门之后（大小说家 James Fenimore Cooper 是她的舅公）。一八八〇年四月，她同詹姆斯初会于翡冷翠。乌女士首访名城而竟有心仪的文豪当她的向导，其乐何如！但五月底或六月初，詹姆斯终于要回伦敦去了。之后，乌女士对他的友情大半时间只好靠书信来维持。他是个大忙人，不免慢慢地对她表示疏远。往往她写了三封长信，他只回她一封短的，女士失望之余（当然还有其他原因），一八九四年正月终于在威尼斯跳楼丧命，詹姆斯原想去参加丧礼的，但得知她自杀的消息后，也就怕见遗容，打电报托词不去了。《丛林野兽》写成于一九〇二年，主要灵感即来自作者同乌尔森女士这段友情。有兴趣的读者可参阅 *Leon Edel, Henry James: A Life*（New York, 1985）。

一九七七年我向 National Endowment for the Humanities 请到了一笔钱，在哥大开一个暑期研究班，讲授中国古典文学。参与者限定十二人，美国大学、学院的文科教授都可以申请，只要他们的主修科目并非中国文学。入选者另由政府津贴二千元，那年暑假八星期（6 月 13—8 月 5 日），每星期讨论一本书或一个人，计有；《诗经》《楚辞》、陶潜、杜甫、李贺、《西游记》《儒林外史》《红楼梦》。所以爱玲觉得我虽“累一点”，一定教得“很有趣”。八个星期教下来，我发现对不懂中文的读者而言，李贺实在不易教。一九八一年我又开了同样的一个暑期班，就把李贺改成元曲《西厢记》，学生受惠得多了。

80

志清：

收到《红楼梦魇》样本，寄了本来。因为出版误期，封面制了版也没来得及寄给我看看，颜色完全不对。《现代文学》也收到了。我知道你是关心《赤地之恋》绝版，当然非常感激。不过我不想由沈登恩再版这本书，他已经在广告上利用我的名字推销胡兰成的书，不能不避点嫌疑。以前已经停止跟他通信，所以不预备作覆，好在过去信上曾经明言不拟委托他出书，可以不致发生误会。请不要替他转书刊来。近来可好？我正忙着写短篇小说。Della、自珍都好？那次断电没受惊？

爱玲

九月八日（一九七七）

志清，

收到「紅樓夢魘」樣本，寄了本来。因为出版誤期，封面製了版也沒来得及寄給我看，顏色完全不对。「現代文學」也收到了。我知道你是関心「赤地之戀」絕版，當然非常感激。不过我不想由沈登恩再版这本書，[illegible]他已經在廣告上利用我的名字推銷胡蘭成的書，不能不避点嫌疑。以前已經停止跟他通信，所以不預備作覆，好在过去信上曾經明言不擬委托他出書，可以不致發生誤會。請不要替他轉書刊来。近来可好？我正忙着寫短篇小說。Della自珍都好？那次斷電沒受驚？

愛玲 九月八日

81

志清：

有个慧龙出版公司的唐吉松来信要再版《赤地之恋》。这些小出版社台湾这样多，恐怕靠不住，他们才成立了一年，出了十二本书——附寄书目来给你看——答应预付一万本的版税，我想就双方都冒个险了，但是总还希望签约前能设法打听打听。唐吉松在《中国时报》上写过一篇《从〈留情〉看张爱玲底传统观念》，我想去问问报馆试试——他们也不见得知道，而且新改组过。唐吉松想十二月中就出版，我告诉他你答应给再版本写序，当然要等你有空写了再出，他一定也求之不得。在《联合报》上看到《正襟危坐看小说》，这篇我能欣赏——《人的文学》里讲《隋史遗文》与《镜花缘》，刚巧《隋唐演义》是我识字后好几年除《西游记》外唯一的一本书，《镜花缘》是中学图书馆里唯一的章回小说，本来就不大喜欢，更厌了。这篇里好些话都非常timely而必要，如关于乡土文学与《爱情·社会·小说》的。有篇《大桥下》不在这次征文内，不知道有没看，我很喜欢。祝好，Della、自珍都好——

爱玲（一九七七）

【按语】

褚人获在康熙年间编写《隋唐演义》，其首六十六回大半取材、抄录自袁于令（1599—1674）所撰之《隋唐遗文》。何谷理（Robert E.Hegel）教授七〇年代初期还是个研究生，正由我指导在写篇研评《隋唐演义》的博士论文。为此，他托在日本的朋友把《隋唐遗文》摄成一卷显微软片，再把它放大“全录”。这个“全录”本终于由幼狮文化公司排印成书，一九七五年七月初版。我在《重刊序》上说，我们“能在今天读到这部明季崇祯年间刊行后一直从未再版过的小说杰作，应感万分兴奋”。但响应我的人其实并不多，让我好失望。到了今天，初版八百册想早已售罄，幼狮公司应出一个新式标点的普及本，让更多海内外读者有机会看到这部“杰作”。

《正襟危坐读小说》见《新文学的传统》。一九七七年我被邀充任《联合报》小说奖的评选委员，但临时抽不出空返国走一趟，因此觉得有必要讨论一下自己比较欢喜的那几篇入选小说。进入七〇年代后，我写的中文评论，虽力求言之有物，却不避散文的格局，有时谈到些个人好恶、身边琐事，也没有关系。那篇《读小说》爱玲显然颇为欣赏，它一开头散文味道就很重。

82

志清：

《赤地之恋》有些内容我早已忘了，所以一直没想到皇冠签了约又不出书是因为违禁。最近才看见宋淇信上说。唐立（吉）松信上暗示现在蒋经国接管后“应当”开禁了，我也都没看懂，只要求删去合约上如有必要，作者须改写的一款。版税率没填，也请他填写——皇冠15%，但是10%我就会接受了——看来不会有下文了。让你百忙中去信跟高信疆打听了来，实在真过意不去。上次看了沈登恩给你的信，误以为你答应写序，也忘了你以前写过关于《赤地之恋》，万一能出书的话，再托你找出来。有便请代向高信疆道谢，以后有合适的稿子自会寄去，不用联络，不会忘记的。Perry Link来信说他在UCLA有个学生研究我写的东西，我也预备请她邮寄问题来。《小团圆》搁下了，先写短篇小说，有一篇登在十二月份《皇冠》上，我会空邮转来。精神还是坏，需要集中，什么都免了。《大桥下》不用还我。Della、自珍与你都好？

爱玲

十一月十一日（一九七七）

【按语】

Perry Link的中文名字叫林培瑞，曾将其研讨民国流行小说的博士论文改写成《鸳鸯蝴蝶》（*Mandarin Ducks and Butterflies*）一书，一九八一年加大出版所初版。后改治中共当代文学，编译了几个读本。曾任普林斯顿大学教授。现任University of California, Riverside讲座教授。

83

志清：

关于《赤地之恋》，唐吉松来信说合同上版税率是空着让我自己填的，现在补填了15%。要求删的一条也删了。我这就签了字寄去。你写的关于这本书的，我这里只有《现代中国小说》英文本上有。可否请找出中文的，直接寄给

唐吉松

台湾三重市福华街7-2号

《红楼梦魇》自己校过两遍，还是错字很多。迄今只收到两本样本，等十本赠书寄来后再寄本校改过的给你，请搁在那里等空闲的时候再看。我知道你不研究版本，不会写书评。请不要特为回信，过天再谈。Della、自珍都好？

爱玲

十一月三十（一九七七）

志清，

關於「赤地之戀」，唐吉松來信說合同上版稅率是空着讓我自己填的，現在補填了15%。要求刪的一條也刪了。我这就簽了字寄去。你寫的關於这本書的，我这裏只有「現代中國小說」英文本上有。可否請找出中文的，直接寄給

唐吉松

台灣三重市福華街7-2号

「紅樓夢魘」自己校过兩遍，还是錯字很多。迄今只收到兩本樣本，等十本贈書寄來後再寄本校改过的給你，請擱在那裏等空閒的时候再看。我知道你不研究版本，不會寫書評。請不要特為回信。

过天再談。Della自珍都好？

愛玲
十一月三十

84

志清：

百忙中还要补写《赤地》序的开头，实在感谢。上次来信后才又发现唐吉松那封挂号信还是十月的，十一月一日投递无人收，在洛杉矶邮局搁了一个月才发通知单给我——邮政坏到这样。十二月出版当然来不及了。信正在UN，现在的UN简直sinister。我知道Della叫王洞，但是不确定王是否姓，不喜欢连名带姓叫人。祝你们俩与自珍百事如意。

爱玲

（一九七七年圣诞节）

【按语】

信八十四是张年卡。短信的对面印有Best Wishes for the Holidays and the Coming Year.这条祝词上款写了Della、志清、自珍这三个名字，下款只有“爱玲”两字。

当年先兄济安所译《张爱玲》章之两大部分——《张爱玲的短篇小说》《评〈秧歌〉》——曾先后刊登于《文学杂志》第二卷第四、六期（一九五七年六月、八月）。后来刘绍铭集众人之力编译《中国现代小说史》，先兄漏译的评《赤地之恋》那部分也由他亲自译出了。我为慧龙版《赤地之恋》写序，其实即借用了绍铭弟的译文再加上一个自撰的“开头”而已。

85

志清：

你的学生吉田Toyoko写信来说要把我的小说译成日文，我当然非常高兴，回信说“我感激夏教授在你在哥大的时候sponsor你”。本来不想特为来信讲这件事，免得便条接二连三，怕你极忙的时候还要回信——可千万不要。Della、自珍都好？春节给你们拜年。

爱玲

一月廿二（一九七八）

【按语】

日本女郎吉田丰子（Yoshida Toyoko）酷爱中国文学，曾在台湾报纸上登了一个征友通信的广告。台湾青年陈君有志研究日本文化，就开始同她通信。二人终于见面相爱而结为夫妇，因之吉田同其夫和才两岁大的女儿于一九六六年来哥大教日文时，她叫陈丰子（Toyoko Chen）。

她大学主修中国文学，已于一九六五年在东京大学拿到了硕士学位，因之她在哥大教了两三年之后，即同时进修中国文学，终于在我指导下于一九七四年完成了一篇博士论文，专讲都算是清初女子自撰的三部弹词巨著：《天雨花》《再生缘》《笔生花》。同年她即返日本在 Sophia 大学任教，且当过几年教务长，事业可称很顺利。但返国才一年，她即同丈夫离了婚，一人把两个女儿抚养成人，生活是很辛苦的。陈君也是我的朋友，乃有名的日本通，著译甚丰，但我事先并未征求二人的同意，也就不便透露他的名字了。

按理，早在四〇年代，张爱玲在日本应该就有些名气，但很可能吉田丰子真是第一个学者把爱玲的部分作品译成日文的。

86

志清：

收到三月三日的信。宋淇没寄 form letter 给我，但是后来信上说颈病已经好了。叫我寄 $50 支票给你，托你买书的钱，抵补他替我垫付的买书邮杂费。《赤地之恋》被慧龙出版社窜改过关，整个这件事糟不可言，也还未了。让你给这么本书写序，实在使我内疚。幸而这一向想写小说，可以钻在里面什么都不去管它。又有一篇不久在《皇冠》发表，大概平鑫涛会空邮一本给你，但是他们的事拿不准。新近发现一家小 Xerox 店，去起来较便。如果还没关门的话，这次一定 Xerox 了寄来，免得还要费事寄还。也会寄一份给水晶。近来可好？ Della、自珍都好？

爱玲

四月八日（一九七八）

志清，

收到三月三日的信。宋淇没寄form letter给我，但是後来信上說頸病已經好了。叫我寄$50支票給你，托你買書的錢，抵補他替我墊付的買書郵雜費。「赤地之戀」被慧龍出版社竄改过関，整个这件事糟不可言，也还未了。讓你给这么本書寫序，实在使我内疚。幸而这一向想寫小說，可以鑽在裏面什么都不去管它。又有一篇不久在皇冠發表，大概平鑫濤會空郵一本給你，但是他们的事拿不準。新近發現一家小Xerox店，寄起来較便。如果还没関门的話，这次一定Xerox了寄来，免得还要費事寄还。也會寄一份給水晶。近来可好？Della自珍都好？

愛玲 四月八日

87

志清：

我从前登在济安编的杂志上的《五四遗事》小说，留了四五本，搬家次数太多，还是丢了。上次理行李的时候就没看见，一直这几年来有点不放心。这次因为要寄一本给 Yoshida 小姐，此外想出单行本，也要把它收进去，大找找不到，只有英文的，先给 Yoshida 小姐寄了去。只好向你借来 Xerox，大热天又要让你费事去找，你又忙，真说不出口。好在不是等着要，等几时稍微空闲点的时候请找出来，如果怕寄丢了——我也怕——就 Xerox 一份给我，也是一样。匆匆祝

近好，王洞、自珍都好——

爱玲

七月十八（一九七八）

报上看见你写的往事，非常有兴趣。

又及

志清，

我從前登在濟安編的雜誌上的「五四遺事」小說，留了四五本，搬家次數太多，还是丢了。上次理行李的时候就没看見，一直这幾年来有点不放心。这次因为要寄一本給Yoshida小姐，此外想出單行本，也要把它收進去，大找〻不到，只有英文的，先給Yoshida小姐寄了去。只好向你借来Xerox，大熱天又要讓你費事去找，你又忙，真說不出口。好在不是等着要，等幾时稍微空间点的时候請找出来，如果怕寄丢了——我也怕——就Xerox一份給我，也是一樣。匆〻祝

近好，王洞自珍都好——

愛玲 七月十八

報上看見你寫的往事，非常有興趣。

又及

88

志清：

多谢寄《五四遗事》来。Yoshida 小姐的身世，来信也提起过。最近这次信上说她两个女儿渴望父爱，大女儿因此爱上了老师，小女儿到处找父亲的替身。附寄来三代母女合拍的照片，母女二人非常像，两个小女孩跟她们一点也不像，大概像父亲。我即使见过他们本人，用作小说材料，当事人难免会觉得有曲解的地方，使她更委屈。好在她自己在写，写过几篇故事不满意，现在又预备写个短篇小说。我上次把《五四遗事》的英文本与最近发表的这两篇寄给她，她显然不喜欢，只谢我寄两个短篇小说的副本来，Stale Mates 提都不提——那本杂志装在同一个封套里，不会没收到。信上说她想暑假译完《金锁记》《茉莉香片》（记不清了，大概是写问题少年聂传庆梦想一个老师是他父亲，使她想起她女儿）、《花凋》，秋天动手译《半生缘》，此外还喜欢《留情》，因为这几篇是写爱在生命里的重要。我说过不干涉她译哪篇，请也不要为这个写信给她。兴趣也会影响译文。就怕工程浩大，不等完工已经会使她 discouraged 了。《浮花浪蕊》一次刊完。没有后文了。里面是有好些自传性材料，所以女主角脾气很像我。长久不写，总是cramped，放不开来。像我说的“童话插图”的确早已经没有了，正是我最典型的没想到的地方。皇冠给的稿费比别处多，有些文艺刊物我也觉得坏。一般读者的反应我如果关心的话，早气死了。出单行本的事，我回信告诉宋淇，是因为我在写小说上总极力为自己去除压力，但是尽管叫自己慢慢地来。一方面担心已发表的给人anthologize了去，也还是着急，所以釜底抽薪，想先出个单行本。现在当然已经打消此意，你写往事与报上同一栏内那些自写墓志铭的文章大不相同。“北大一年”那篇，北京horrendous的洗衣作与估衣铺，在我成为张恨水与无数怀旧文字里的北京的另一面。这时期你看的书，与我距离之远使我惊异——不光在学问渊博上。我想我是爱看人生，而对文艺往往过苛。——刚看完*Sulzberger's The fall of Eagles*，又再细看插图，跟它overlap的Nicholas and Alexandra & Harrison Salisbury's *Black Night, White Snow*也看过。——你早年的自述我也都没剪报留下，印象最深的是上学沿途家家刷马桶，看电影广告多于看电影，你父亲夜渡黄浦江看京戏，一个赏识你英文作文的女老师后来嫁了她的一个青年学生——对于一个青少年该是很大的震撼，尽管你知道她对你的态度完全是innocent的。《同学少年都不贱》这篇小说除了外界的阻力，我一寄出也就发现它本身毛病很大，已经搁开了。我还是虚弱得非常厉害，多吃维他命B&C也会吃不下饭，只能每天一颗。祝暑祺——忘了今年纽约不热——王洞、自珍都好？

爱玲

八月廿日（一九七八）

【按语】

吉田教授返国后，每年至少给我一封年信，所以历年来附寄的照片也有不少。一九七八年十二月三日她与其二女受洗礼，正式皈依天主教。照片乃走出教堂后所摄，所以三人都穿了新衣服，手里各一束鲜花。吉田旁边那位女子，一定是她的朋友。

吉田的长女，现在印第安纳大学图书馆工作，次女，一九九六年毕业后即和一位越南华侨的同学结了婚。假如我无心脏病，一定会去麻州 Springfield 市参与婚礼的。

因为关心吉田二女“渴望父爱”的处境，爱玲真的动了情感，给我写了封长信，很为难得。而且正好她已看了我仅有的几篇自传体散文——一九八四年才收入《鸡窗集》，九歌出版社发行——她要对我说一声，那几篇她很喜欢，而且留给她很深的印象。但有一处她的揣度可说完全是错的。我非吉田的女儿，也非聂传庆，更非张爱玲自己，因之一个赏识我英文作文的“女老师后来嫁了她的一个青年学生”，对我来说毫无震撼性可言。贝特女士（Juanita Byrd）教美国文学这门课，的确比沪江的其他老师都顶真。但我大一那年，她“至少已经三十五岁”了（《鸡窗集》页五三），我毕业后她同王君结婚那年，应该是四十出头了。文章里我说，这段婚事“当时传为佳话”，其实“传为笑话”，比较更切合实情。

《五四遗事》这篇小说原先是用英文写的，题名*Stale Mates*，刊于纽约双周刊*The Reporter*十五卷第四期（一九五六年九月）。中译本翌年正月才刊出于台北《文学杂志》。《浮花浪蕊》刊出于《皇冠》一九七八年二九三期后，爱玲即把全文影印寄给我。此件我一直保存着，因为爱玲自己动笔，在原印小说上作了不少增补删改，且另加了一页一二八b，虽然上面只抄写三行半字。后来《惘然记》里所集的《浮花浪蕊》就是根据这个增订本排印的。可是另外有几个字未见此本，倒算是我出的主意。《皇冠》那期页一二六有这样一句话：“淡黄头发，大个子，圆脸，像童话插图。”《惘然记》页五五已把下半句改成：“像二次大战前的西方童话插图。”

爱玲自谓“对文艺往往过苛”，我想这是指中国文艺，尤其是现代、当代文艺而言。自己才华太高，本国的同代作家看不看也就无关紧要了。但西洋文学的古今经典作品她实在看得太少，也就不能说因为自己趣味太高而不去碰它们了。

在她们早期的文章里，爱玲同炎樱都谈到过《战争与和平》，我想这两位好友一定约好，要把这部巨著差不多同时看完的。爱玲来美国后，生活一直不安定，可能连看完一部千页文艺巨著的豪兴也不再提得起来。她是爱书之人，但想起搬家之麻烦，也就不想有什么藏书。因之来美后很早就养成了去公共图书馆借书看的习惯。此类图书馆陈列的新书不外乎是当代名人著作和畅销书这两类。一九七八年夏天，张爱玲对帝俄衰亡、苏联革命这段史实特别感到兴趣，我想因为她先读了*Black Night, White Snow: Russia's Revolutions* 1905—1917这本刚出版的书。作者Salisbury是《纽约时报》的名记者，兼通中俄二国之革命史，非常了不起，七八年前去世。爱玲看了此书，一定对末代沙皇、皇后大表同情，再去借阅Robert K.Massie所撰之传记*Nicholas and Alexandra*的。此书一九六七年出版后，即大为畅销，至今仍是一部不断吸引读者的名著。Cyrus Leo Sulzberger那本*The fall of Eagles*（一九七七）爱玲接着也看了，我想不外乎要对统治俄国数百年的Romanov皇朝多些了解。但此书也以三分之二的篇幅叙述了欧洲Hapsburg、Hohenzollern这两大皇族的衰亡史，无怪爱玲要把全书毕读，插图也一一细看。虽一人独居，爱玲兴趣如此之广，书是看不完的。

志清，

多谢寄「五四遗事」来。Yoshida小姐的身世，来信也提起过。这最近次信上说她两个女儿渴望父爱，大女儿因此爱上了老师，小女儿到处找父亲的替身。附寄来三代母女合拍的照片，母女二人非常像，两个小女孩跟她们一点也不像，大概像父亲。我即使见过他们本人，用作小说材料，当事人难免会觉得有曲解的地方，使她更委曲。好在她自己在写，写过几篇故事不满意，现在又预备写个短篇小说。我上次把「五四遗事」的英文本与最近发表的这两篇寄给她，她显然不喜欢，只谢我寄两个短篇小说的副本来，Stale Mates提都不提——那本杂志装在同一个封套里，不会没收到。信上说她想暑假译完「金锁记」、「茉莉香片」、记不清了，大概是写同题少年聂传庆梦想一个老师是他父亲，使她想起她女儿、「花凋」，秋天动手译「半生缘」，此外还要发「留情」，因为这几篇是写爱在生命里的重要。我说过不干涉她译哪篇，请也不要为这个写信给她。兴趣也会影响译文。就怕工程浩大，不等完工已经会使她discouraged了。「浮花浪蕊」一次刊

89

志清：

收到十一月十一的信，当然非常高兴。你笔下的北京估衣摊子使我想起《阅微草堂笔记》里说的北京街上有卖纸靴子骗人的，大概因为是京师，可以招着人，所以风俗特别浇薄。你这些回忆录最好想到就写，等年纪大些再整理——你信上说有些已经忘了。事多的人难免这样。我也写了篇东西关于《色，戒》，讲域外人那篇文章。我投稿都托宋淇转寄，也是让他帮着看看有没有碍语。这次刚碰上香港邮局怠工，现在才收到信，知道已经寄给《中国时报》。《浮花浪蕊》是用社会小说的结构——当然需要modified——写短篇小说的一个实验，里面两次暗示女主角在日本找不到事。她在香港找事倒仿佛很有办法，回香港船钱到底有限，不会流落在日本。我在大陆也过着离群索居的生活，材料不多，也过时了，变化太大。目前想写的如果不是自己觉得非写不可的，也冲不出这些年的writer's block，我预备托Yoshida小姐找人译一篇伊藤漱平评赵冈讲程伟元的文字，顺便把中文的《五四遗事》寄一份给她。《相见欢》登在十二月份的《皇冠》上，我会寄份影印的来。多吃维他命我确是有side-effects，

平时胃口很好，也非常注重营养。祝

近好——王洞、自珍都好？

爱玲

十一月廿六（一九七八）

【按语】

讲“北大一年”的那篇文章，爱玲连接在两封信里提及，我当然高兴。可惜当年工作太忙，没有听从她的劝告，多写些“回忆录”。现在隔了二十五年，身体远不如前，记忆力也差，要写自传也就更吃力了。《在北大教书的那一年》原刊《联副》，收入《鸡窗集》后改题为《红楼生活志》。

张系国的《域外人专栏》长期见《中国时报·人间副刊》，故张爱玲写了《羊毛出在羊身上——谈〈色，戒〉》这篇答辩，也是交《人间》去发表的。此文现已收入《续集》。

经济学教授赵冈也是红学专家。

90

志清：

昨天匆匆写信来，一寄出就想起伊藤那篇文章很长，只要代投到《联副》或《人间》就可以读到，何必自己花钱找人译。又，我写信的时候没找你上一封信出来看，所以也忘了说蒋晓云的《幼吾幼》没看到。《朱德贵》是否一个自杀的病人？是很动人。看过她的一本小说集，是好，不过有两篇没看懂，看第二遍也还是不懂——书不在手边。《乐山行》似乎又太 obvious 了一点。我称赞过的《唱在黄昏的歌》的作者后来写的我也一篇都不懂——最近《皇冠》上也有一篇——也不觉得好。还有，让你这么忙的时候还要写文章替《色，戒》洗刷，实在抱歉到极点，都也会忘了提，太说不过去，想必是因为 feeling guilty，排斥到意识外了。又补了这封短信来——

爱玲

十一月廿七（一九七八）

【按语】

一九七七年我当《联合报》小说奖的评选委员，圈选蒋晓云的《乐山行》为首奖之后，不仅把她的小说集《随缘》看了，对她在《联副》上发表的新作更格外留神细读。我认为《幼吾幼》（一九七七年八月六日）、《牛得贵》（一九七八年十月十五日）这两篇描绘台北近郊穷人的小说，连爱玲自己也得看看。她回信说《牛得贵》的确“很动人”（爱玲在此信中把“牛”字写成“朱”字了），《幼吾幼》一年前已见报，却给她错过了。

一九七八年我担任《中国时报》小说奖的评选委员，照旧无暇返国参与其决审会议，倒写了一篇奇长的评审报告，后来收入《新文学的传统》，竟占了三十九页的篇幅！此文题称《二报小说奖作品选评》，因为我把那年《联合报》的首、二奖小说——《老榕》《散戏》——也都评进去了。我平日没有时间、精神去细评二三流的小说家和劣等小说，因此对此长文相当偏爱。

该文第四节第二段（《新文学的传统》页二九六）有下面这段文字：

> 最近张系国在他的《域外人专栏》里，认为张爱玲在《色，戒》里没有强调汪朝重臣的“汉奸”性，表示十分遗憾。其实张写的是一则永恒性的人间故事，发生在汪精卫时代的上海也可以，发生在袁世凯复辟时期的北京，阮大铖、侯方域时代的南京也可以，只

因张自己对伪政府时代的上海特别熟悉，就采用了这个背景——她无意写人物个性忠奸立判的小说。

这段话同上下文连接得很自然，假如不重看张爱玲旧信，我自己也想不到是受托而写的。

91

志清：

刚看到评二报得奖小说的四之一，全都对极了。《老榕》乌烟瘴气，梦“与树同行”的笑话我会错过了没看见。老榕是树精真是神来之笔。末了我也没注意到耀仔许下保留一块地之后又奔向老榕，“真不知道他又奔去要干什么”，也像喜剧有时候越重复越逗笑，重复到三次以上使人大笑不止。你看了一肚子气，却“化悲愤为谐趣”。作者预先研究过去得奖作品，我当时看了也非常起反感。

爱玲

十二月十二日（一九七八）

【按语】

看了本信，如有读者想看拙文评论《老榕》那一节，最好也找出小说来一起看。《老榕》见《联合报六十七年度小说奖作品集》，联合报社出版。

本信写在半张洋葱信纸上，附在一张对折的金色梨形贺年卡内寄出的。封面梨上还画了一只鹧鸪。卡里面的贺词为：

Season's Greetings

And Best Wishes for the

New Year

上款写了王洞、志清、自珍这三个字，下款爱玲。

92

志清：

评二报得奖小说看完了，评《进香》与《窄巷》也都极细密精确。十二月三日一节提起域外人与我，颜元叔第二天立即指桑骂槐从我那篇《对现代中文的一点小意见》上说我过时。看来他们是要上海话所谓“搭我上”了。我一年一度写封“耶诞信”给Dick McCarthy，今年讲起被攻击的事，底下一段抄给你看，下次给宋淇写信也再抄一遍：“Of course with the recent kudos won by Chen Jo-Hsi I suffer by comparison unavoidably. I'm enough of a Taoist to be philosophical about the perverseness of tao, which I interpret as the way things go. In the present climate of world opinion there is no such thing as an impartial Chinese observer. Only a dedicated patriotic socialist who then became disillusioned—with the Chinese brand of socialism anyway—has credibility. If I'd stayed as long on the mainland I'd still be heeded no more than any other refugee. Perhaps it takes Chen Jo-Hsi's kind of plaintalk to penetrate the vast ignorance about China, but it's her ideological fervor that carries weight. There is this double standard, for a long-suffering poor country like China."《相见欢》年内大概寄不到了，过年想必愉快。

爱玲

十二月十五（一九七八）

【按语】

《进香》是《中国时报》的首奖小说。同《老榕》一样，它也是篇不诚实的作品而给我评得很惨。虽在布局、设想方面仍有不少毛病，《窄巷》我却相当喜欢。作者李捷金那时才二十二岁，“会写那种读来一无疙瘩、平铺直叙的文体”就很不容易。

《对现代中文的一点小意见》发表于《人间》，我曾看过多遍。但所保存的剪报或影印本一时找不到，也就不便对此文发表任何意见。张爱玲未把它收入《全集》，有些奇怪，不知是否因为她多少考虑到了颜元叔的那篇批评。

到了一九七八年十二月，爱玲觉得台北报界，有人在“搭我上”了——即找定她为目标而加以攻击了（沪语“上”“撞”同音，“搭我上”解作“同我撞”也无不可）。叶石涛也可算是认为张已“过时”的另一位批评家，请阅《新文学的传统》页二九五。但一九七八年给她感慨最多的文坛大事莫过于《尹县长》英译本出版后之大受欢迎、大获好评。早在五〇年代中期，《秧歌》评价虽高而销路不畅，因之《赤地之恋》连个美国出版公司都找不到。美国的报界和文坛一向为思想偏左的所谓“开明派”（Liberals）所支配（里根当总统后情势才有些转变）。爱玲在那段英文里道出陈若曦走红的原因，分析透彻，一句话也没有说错。但看到一个刚交运的后辈走上世界文坛，张爱玲实在不必眼红而顾影自怜，尽管自己在争取国际声誉这方面的努力一直没有多少成绩。果然在下一封信上，爱玲自己也承认“上次信上有些话显得太 Petty”。

关爱中国当代文学的美国文化官员麦克赛（Dick McCarthy）我在张函四的按语里早已介绍过。爱玲把心里的话写给他看，其实他对陈若曦也十分友善，帮过她不少忙。一九六四年某日，陈同段世尧结婚，我在 Baltimore 教堂里观礼，才同麦克赛初会。

《尹县长》英文版的全标题为 *The Execution of Mayor Yin and Other Stories from the Great Proletarian Cultural Revolution*。印第安纳大学出版所一九七八年春季出版，译者为 Nancy Ing（殷张兰熙）同 Howard Goldblatt（葛浩文）。著名汉学家兼中共专家 Simon Leys 写的序。

志清：

評二報得獎小說看完了。評「進香」與「窗卷」也都極細密精確。十二月三日一節提起域外人與我，顏元叔第二天立即指桑罵槐從我那篇「對現代中文的一點小意見」上說我過時。看來他们是要上海話所謂「搭我上」了。我一年一度寫封「耶誕信」給Dick McCarthy，今年講起被攻擊的事，底下一段抄給你看，下次給宋淇寫信也再抄一遍："Of course with the recent kudos won by Chen Jo-Hsi I suffer by comparison unavoidably. I'm enough of a Taoist to be philosophical about the perverseness of tao, which I interpret as the way things go. In the present climate of world opinion there is no such thing as an impartial Chinese observer. Only a dedicated patriotic socialist who then became disillusioned -- with the Chinese brand of socialism anyway -- has credibility. If I'd stayed as long on the mainland I'd still be heeded no more than any other refugee. Perhaps it takes Chen Jo-Hsi's kind of plaintalk to penetrate the vast ignorance about China, but it's her ideological fervor that carries weight. There is this double standard, for a long-suffering poor country like China."「相見歡」年內大概寄不到了，過年想必愉快。

愛玲 十二月十五

93

志清：

多谢寄《北美日报》来。找我的是一个向无好感的亲戚，在香港来信借钱，大概误以为我阔了，我也不想写信去哭穷。我在改写长篇《小团圆》，写短篇小说又告一段落了。《胡适杂忆》序非常好，对我尤其有兴趣，因为见过胡太太与陈衡哲的照片。《中国人的幽默》里*punch*杂志名想必是指Punch & Judy的Punch，不是混合果汁酒。不知道思果为什么译作“小火鸡”？你忙，等以后有空再写信，又没什么有时间性的事。现在台局这样，我上次信上有些话显得太petty，来信请千万不要提了。希望这一向你跟王洞、自珍都好。

爱玲

二月十日（一九七九）

【按语】

在《世界日报》创办之前，《北美日报》在纽约侨胞间销路颇广。我在它的分类广告上，看到有人要同张爱玲取得联络，即把这块小广告剪下了寄给她。

受唐德刚兄之托，我为他的《胡适杂忆》写了一篇长序，刊于《联合报》副刊一九七八年十二月一～三日；《传记文学》第二百期（一九七九年正月号）。爱玲一定是在《联副》上看到该序的。

一九五一～一九五二那一年，我在耶鲁为饶大卫（David N. Rowe）教授编写一部《中国手册》，一人撰写了三大章，另外写了“家喻户晓的人物小传”一章，“礼节”“幽默”二小章。高克毅兄生性幽默，且对中西幽默大有研究。我同他成为极熟的朋友之后，有机会把“幽默”那一章影印后请他过目。它虽是我的少作，他却极为欣赏，删节了一部分后即重刊于他创办的《译丛》（*Renditions*）半年刊第九期（香港一九七八春季号），标题为 *The Chinese Sense of Humor*。该文既已重见天日，我就央请思果兄把原文全章译出，题称《中国人的幽默》，一九七九年二月二～三日刊于《联副》。

英国幽默周刊 *Punch* 国人一向称之为《笨拙》，思果改译为《小火鸡》，爱玲觉得奇怪，其实我也不知其所以然。不久前查看了手边的一本 College Dictionary，我才知道 Punch 这个丑角的全名应为 Punchinello。此名通意大利字 Pollecenella，而 Pollecenella 的本字 Pollecena 即指“turkey-cock chick”。一定因为思果兄最讲究字源，才把 Punch 译为“小火鸡”的。

94

志清：

多谢寄 *Asian Journal* 上你这篇文章给我，这题材对于我尤其有兴趣。这篇也写得非常有力，连文笔都特别好。Plaks 的理论固然是最典型的洋人故弄玄虚，但是是个潮流——八月廿七《联合日报》上李欧梵称赞他，我看了不禁呻吟出声来——驳他要 Persuasive in their own terms 实在难。水晶把他跟钱钟书合拍的照片寄给我，比报上的清楚得多。你《重会钱钟书》的一篇也看了。我说过看了你的自述，惊异你的渊博，像你才能够做他的知己。他去年在意大利才知道你写《中国现代小说史》。跟你合摄的照片上他眼睛里有狂喜的光。午睡后的乡音，"文革"中看马列的书看到马克思的私生活，都有情趣。他大概是非常会做人，个性又有吸引力，人缘好，所以这些年没出事。我看了《胡适杂忆》序，信上告诉你看见过陈衡哲的照片，你回信也提起，猜她一定漂亮猜对了。她是秀丽的西式圆脸，眼梢略为向下、烫短发、穿套头毛衣，头与肩的比例看得出身材适中。你这样喜欢《海上花》，我当然高兴到极点。我一直觉得这书除了写得好，还有气质好，但是没有 pin-point，它好在男女平等与不残酷上。——

《红楼梦》把女人放在 pedestal 上，当然是与过去西方一样不平等。——宋淇也跟我提起不止一次，多少把译稿整理出一部分，在 *Rendition* 上发表。译了四十六回，想先登在 Rendition 上，剩下的十八回不太久也可以译完，一定寄来请你推荐出书。郑绪雷的论文寄了来我也还没来得及看，说来惭愧。我离开上海的时候上海人还说"去一 da"，你说"去一趟"恐怕是知识分子国语化的吴语。信正对儿女专注，也许也是避免跟你我谈别的。自珍到夏令营去后身体好了，你跟王洞也都好？

爱玲

九月五日（一九七九）

【按语】

信上提到的 *Asian Journal* 即 *Harvard Journal of Asiatic Studies*（哈佛亚洲学报）。该刊第三十九卷第一期（一九七九年六月）载有我的一篇二十页的书评，专评浦安迪（Andrew H. Plaks）一九七六年出版的红学新著 *Archetype and Allegory in the Dream of the Red Chamber*。浦教授受过比较文学这方面的严格训练，汉学根柢也相当深厚，但我对他这本书却有相当严重的保留。爱玲同意我的看法，认为书评"写得非常有力，连文笔都特别好"，我当然高兴。但因为只是篇书评，我没有找人把它译出来，国人看过的并不多，不免有些遗憾。

《联合日报》想是台北《联合报》之误写。

一九七九年四月下旬，北京中国社会科学院派了一个代表团来美访问，二十三日头一天即来哥大，与各门学科的教授、专家相谈。钱钟书同我都代表中国文学，从早到晚相聚了一天，真是难得的好机会。事后我写了一篇《重会钱钟书纪实》，刊于《中国时报·人间副刊》六月十六～十七日那两天。爱玲看到了，显然也极为兴奋。《纪实》所载有关钱的生活报道，事后才知道不是完全可靠的，他在“文革”那几年并非“没出事”。钱夫人杨绛女士在《干校六记》（一九八一）、《丙午丁未年纪事（乌云与金边）》（见一九八七年出版的《将饮茶》）等回忆录里才透露了钟书先生的生活真相。

我同爱玲讨论《海上花》优劣的那封信，当然早已给丢失了。我总觉得鸦片战争、五口通商之后，住在上海、天津等大商埠的中国人，直接同欧美人、西洋文化、思想有了接触之后，真的大有进步，因之李伯元、吴趼人、刘铁云、韩子云等晚清小说家看中国人、中国社会都较前人更为透彻。当然也有例外。曾朴从小自习法文，读了不少法国小说，也翻译了几部名著，自己写的那半部《孽海花》却旧小说味道很重，算不上是佳作。早在文学革命初期，胡适即力排众议，贬评这部作品，见解独特，非常了不起。

Rendition 应作 Renditions，上文已提到过《译丛》这份一九七三年创刊的 *Chinese-English Translation Magazine*，

高克毅原任Editor，一九七五年返美后，名义上改称为Editor-at-large，而由宋淇接任为Executive Editor，其实一开头在中文大学筹备、策划这份刊物的即是高、宋二人。爱玲原先既有意在《译丛》刊登二十回《海上花》译文，不知为何，最后只刊出首二回。爱玲去世后，《译丛》第四十五期（一九九六春季号）即出了一个张爱玲专号，那时该刊的主编为孔慧怡（Eva Hung）、卜立德（D.E.Pollard）这两位中大教授。

95

志清：

多谢寄《新文学的传统》来。在报上看到台湾之行。我上次信上忘了提《海上花》译本出版 Radcliffe Institute 有优先权，要先问过她们。请先不要跟别处提起。

爱玲

（一九七九年底）

【按语】

信是写在年卡上的。卡的另一面印有 Best Wishes for the New Year 这六个字。上款王洞、志清、自珍三名并列，下款爱玲。

一九七九年十月下旬《联副》主编痖弦、丘彦明请我返国一星期，名义上的任务是参与长、中篇小说奖入围作品决选会议，但主要因为我多年未返，给我机会同台北文友、读者们聚聚。二主编热诚招待，其友情至今难忘。真巧，《新文学的传统》（时报文化出版公司）也在那星期面世，我也参与了《人间》主编高信疆为我安排的节目。《新文学的传统》三七五页，集了近作十八篇。上文所提到的《〈胡适杂忆〉序》《台湾小说里的两个世界》《陈若曦的小说》《正襟危坐读小说》《二报小说奖作品选评》以及《重会钱钟书纪实》皆在其内。钱见到我后眼睛里有无“狂喜的光”，也可参看书前影印的二人合照。

96

志清：

你救了外甥出来，可喜可贺。我想把你寄来的照片转寄给宋淇夫妇，他们也许没看到卞之琳这张照片。我还在译《海上花》，吴语“呒陶成”是否 no decent limits —— gone wild？——《谈吃》毛病很多，需要删掉一半。可惜你没工夫也写《谈吃》，我只知道你爱吃西瓜，不喝汤——后者是丘彦明信上说的。有个李又宁来信说要编一本 *Autobiographical Writings of Chinese Women* 收入《天才梦》与《私语》。我回掉了，他回信答应不用，但是说他服务的 M.E.Sharpe 出版社译港台星马出版物都不必征求作者同意。我不信美国的出版法这样，还是他们的 sharp practice 是利用中文作者对此间的隔膜？他是向你问到我的住址，也提起《现代中国小说史》，我猜也许是看了书写信去问，并不认识。又，前些时，Vivian Hsu 要把《倾城之恋》收入她编的 *Women in Modern Chinese Fiction*，我回信说我虽然不是新女性主义者，决不会同意编入一本女作家选集，男东女西的分类，似乎也就是所谓 sexist。你给蒋晓云写序讲到《倾城之恋》《秧歌》，我不免也觉得是女性作家就要拿我去比。如果因为中国女人环境上的共同点，事实是环境与时代背景都不同。作品里有些近似的地方，也许也是因为台湾禁印大部分五四以来的文艺，以至于这些年来有些青年受我写的东西的影响。连水晶都说是因为“没有书看嘛”！那次面谈时冲口而出。刘绍铭实在不应当编《现代小说选》，跟你的书犯重，太说不过去。我没有一九四九前的派司照，这张也许可以只用头部或上半身。老照片都是只有一张；新近我寄张支票以为寄丢了——本埠一个多月才到！——虽然是一场虚惊，不敢不去寄挂号信，用过后也请挂号寄还。匆匆祝好，王洞、自珍也好？今年贺年片可以两免了，本来不过借此问候，不犯着赶在邮挤的时候去凑热闹。你写曹禺来美那篇真有兴趣，我剪报留下来。

爱玲

十一月十二（一九八〇）

【按语】

我对“呒陶成”此词之了解，同爱玲的相仿。

《谈吃与画饼充饥》此文原刊于《联副》一九八〇年七月卅一～八月一日。我在上海那十年（1937—1947），上班吃快餐除外，从未一人或带了朋友在馆子里好好吃过一顿，连高级的西式面包、茶点也没有吃过，所以读《谈吃》，觉得特别有趣。上海那家俄国面包店老大昌当然久闻其名。但从张文得知其原名为 Tchakalian 之后，才敢确定该店老板乃亚美尼亚人。我所认识的亚美尼亚人，不论是学生或邻居，其姓氏的结尾一定是—— ian（yan）。美国三四〇年代的红作家萨洛杨（William Saroyan）也是原籍亚美尼亚。

在馆子吃中菜，我通常不喝汤，因为怕咸。西菜汤不太咸，我都爱喝。家里备有不少减少盐分的罐头汤，为佐膳之用。身为《联副》《联合文学》的编辑，丘彦明同年长一辈的优秀作家，经常保持联络，出于她对他们的真心敬爱和关怀。一九八七年她任职《联文》总编辑后，先出了一个沈从文专号（第二十七期），再出一个张爱玲专号（第二十九期），着实轰动文坛。

张爱玲最怕有人要借用她的作品，所以在信上对李又宁教授显然表示了敌意，而且不相信我同她真是朋友。其实，一九六二年我一到哥大即同她相识了，因为这位专治中国近代史的哥大研究生恰巧也是我同一 block 的邻居。不多年拿到博士学位后，又宁一直在纽约市边郊圣若望大学（St. John's University）教书，编著甚丰。她主编了一套《胡适与他的朋友》，纽约天外出版社印行。我手边有其首二集（一九九〇～一九九一），所集诸文都很有价值。

Vivian Hsu 连我都不认识，竟要借用她的《倾城之恋》来充实一册在计划中的现代中国女作家选集，无怪张爱玲真的要生气了。《倾城之恋》终于由 Karen Kingsbury 译出，她是我的，也是王德威的学生，博士论文即写张爱玲。她的英译*Love in a Fallen City*见上文提到的那期《译丛》张爱玲专号。

爱玲给两位不认识的女学者写了回信，气犹未消尽，对我也发了一段牢骚，好像我不应该把蒋晓云同她相比的！其实当年国内崇张最虔诚的小说家朱西甯，也曾大大赞扬过蒋晓云。请参阅《蒋晓云小说里的真情与假缘——〈姻缘路〉序》首段，《夏志清文学评论集》（联合文学杂志社，一九八七）页二四八。

刘绍铭要编一本现代小说选，跟《二十世纪中国小说选》“犯重”，也惹得爱玲为我生气。其实绍铭是后书的助理编辑，他计划要编译的一大部*Modern Chinese Stories and Novellas*（《中国现代中短篇小说选》），主要也是我同他合编的。头一本选集，当代小说选了三篇，倒有两篇是我不喜欢的。只有张天翼《春风》那篇未被绍铭录用，比较遗憾。但后书选译的那两篇——《砥柱》《中秋》——也都是张天翼的短篇杰作。

爱玲挂号寄我的那张照片即印在《对照记》页六九的那一帧。

上海我们这一房夏家的人口简单。父母亲先后千古后只剩六妹玉瑛和其夫婿焦良再加上独子焦明。到了一九八〇年，大陆学生来美留学，办手续已不太麻烦。焦明于八月某日只身乘机来纽约，九月进了很有名的私立Dalton School，读高中二。他初到我家的那几天，我正好在台北参与研究院所主办的一个国际汉学会议（8月15—17日），只好王洞带了自珍，由建一开车到机场去接他。

同年三四月间，曹禺访哥大多天，备受注意，我受痖弦之托，写了一篇长文《曹禺访哥大纪实——兼评〈北京人〉》刊于五月十二日～十五日的《联副》。此文也已收入《夏志清文学评论集》。

志清：

你救了外甥出來，可喜可賀。我想把你寄來的照片轉寄給宋淇夫婦，他們也許沒看到卞之琳這張照片。我還在譯海上花，吳語「嘸陶成」是否 no decent limits — gone wild? —「談吃」毛病很多，需要刪掉一半。可惜你沒工夫也寫「談吃」，我只知道你愛吃西瓜，不喝湯——後者是丘彥明信上說的。有個李又寧來信說要編一本 "Autobiographical Writings of Chinese Women"，收入「天才夢」與「私語」。我回掉了，他回信答應不用，但是說他服務的 M.E. Sharpe 出版社譯港台星馬出版物都不必徵求作者同意。我不信美國的出版法這樣，還是他們的 sharp practice? 是利用中文作者對此間的隔膜？他是向你問到我的住址，也提起「現代中國小說史」，我猜也許是看了書寫信去問，並不認識。又，前些時 Vivian Han 要把「傾城之戀」收入她編的 "Women in Modern Chinese Fiction"，我回信說我雖然不是新女性主義者，決不會同意編入一本女作家選集，男東女西的分類，似乎也就是所謂 sexist

你給蔣曉雲寫序講到「傾城之戀」「秧歌」，我不免也覺得是女作家就要拿我去比。如果因為中國人環境上的共同點，事實是環境與時代背景都不同。作品裏有些近似的地方，也許也是因為台灣禁印大部份五四以來的文藝，以致於這些年來有些青年受我寫的東西的影響。連水晶都說是因為「沒有書看嘛！」那次面談時衝口而出。劉紹銘實在不應當編「現代小說選」，跟你的書犯重，太說不過去。我沒有1949前的派司照，這張也許可以只用頭部或上半身。老照片都是只有一張；新近我寄張支票以為寄丟了——本埠一個多月才到！——雖然是一場虛驚，不敢不去寄掛號信，用過後也請掛號寄還。匆匆祝好，王洞目疹也好？今年賀年片可以兩免了。本來不過借此問候，不犯着趕在郵擠的時候去湊熱鬧。你寫曹禺來美那篇真有興趣，我剪報留下來。

愛玲 十一月十二

97

志清：

收到八月廿八的信，想等同日寄出的书寄到后再回信，不料迄未收到，恐怕寄丢了。邮差常把大包中文书报交给公寓管理员代转，但也有时候就搁在信箱下长凳上；不知道中国书看不懂没人偷，像这样印刷精美的一厚册英文书一定被邻居顺手牵羊了。当然此地的邮局没准，我说过有封本埠的信一两个月才到。但是等来等去，再不回信耽搁太久了。那张照片绍铭装在大信封里，太snug了些，抽不出来，我把信封剪破了才拿出来，四周全都折皱破损，如果放在原来的照相馆folder里就不会这样。那是我姑姑一个朋友在英国照相，有这么个夹子，我借用的。绍铭帮过我的忙，照理我根本不应当提这话。路翎是谁我不知道，想必是左派（延安？）女作家，现在大陆。我刚译完《海上花》，需要搁几个月再看一遍，乘这时候想整理出一本散文集。看到《杂七搭八的联想》，有些写自己的，如对中西文学的态度，比回忆录还更亲切，更重要。出回忆录的时候希望收进去。祝近好，王洞、自珍都好。

爱玲

十月一日（一九八一）

那本书请先不要补送给我——此地邮局的事！还许会来——我不是等着看。收到了会写张便条告知。又及

【按语】

上封信同本信相隔已将一年。一年间想来爱玲忙于翻译《海上花》，也就不写信了。

一九八一年八月二十一日我在哥大出版所编者Karen Mitchell的办公室拿到了两厚本刚出版的*Modern Chinese Stories and Novellas 1919—1949*精装本。一册自留，另一册则于二十八日寄给了爱玲。在同日写给她的信上，我必然提到了好几位入选的作家，包括路翎（1913—1994）在内。他是一位极有才气的小说家，因为一直算是胡风帮，给监禁了二十年（1955—1975）。路翎四〇年代的名著计有《饥饿的郭素娥》《财主的儿女们》等。

《杂七搭八的联想》是我特为吴鲁芹《英美十六家》此书写的长序，爱玲是同年九月一日三日《中国时报·人间副刊》上看到的。此文见《鸡窗集》（九歌出版社，一九八四）。

98

志清：

英译《海上花》头两回登在下一期《译丛》上，要一九八三年才出。我根本不知道有中大印刷所，宋淇没提起过，想必因为它只代出书，有些学术性著作能出版就算好的了。《海上花》有你写序，由哥大出版，当然再好也没有。等译稿改完了找人打了，再问过 Radcliffe Institute——拿过她们八千元 fellowship 译书——就寄给你。序你也许可以先写起来，收入文集，免得耽搁了出集子。上次装照片的太小的信封上写着我的姓名住址，没贴邮票，也没有邮戳，另装在较大的信封里，连同照相 folder 与你的信一并寄来，似乎是别人送交给你，没有 folder。那本寄丢了的小说集也还没挂号寄来，请不要特为催问，等有便再跟他们提一声，不忙，我是真的不等着看。这一向夹忙里又在看牙齿，要看到明年。你们俩跟自珍都好？

爱玲

（一九八一年底）

【按语】

本信是写在一张年卡上的。卡的正面印有Season's Greetings两个金色大字。上款王洞、志清、自珍三名并列，下款爱玲。

入选作家二十名，每人都有一幅肖像，这是《中国现代中短篇小说选》的一大特色。出书前后，哥大出版所即把这些肖像都还给我，所以爱玲后来看到那装有她照片的“太小的信封”一定是出版所交给我的，与刘绍铭无关。信封到手后，我再写封信给爱玲，连带把那个可能未曾交给出版所的“照相folder”一并装在一个大信封内，邮寄给她。爱玲认为假如照片一直放在folder内，就不会受到损坏。最保险的方法当然是不把肖像原件远寄他处。到照相馆去复印几张小的，把小照片寄给朋友、报社或出版社，就不用爱玲去担心了。

上一封信上，爱玲既谓“刚译完《海上花》”，我在回信里即说，乐于为她写序，而且书由哥大出版是没有问题的。她在信里虽然表示高兴，但却称The University Press of Hong Kong为“中大印刷所”，多少带些轻视的意味。她对美国著名学府的出版所会不会抱有同样的偏见呢？下文自有分晓。

99

志清：

收到你的圣诞信，信上说我给《海上花》译本写自序，你写个短 foreword，我也觉得是这样好。我的圣诞信上是担心耽误你出文集，以为你可以没看译文先写序，那是因为我没给人写过序，说的外行话。我上次写信给宋淇讲起你来信建议由哥大出版，你写序。此后我忙着看牙齿，没再去信。今天收到他的信，知道他也跟你提起写序的事。事实是我因为一向以为是由代理人推销，作为普通读物，所以也没想到要请学者写序。Dick McCarthy 是在一本《中国小说书目》上看到《海上花》的故事，非常喜欢，所以自动举荐代理人。这两年我译书的时候是心理上的一个支柱，所以年前写信去回掉了之后，一直非常低气压。再一想，既然不等着钱用，何必自苦？还是多费点时间让代理人去试试，只要有极小的一部分人喜欢，能出书，就比大学印刷所的发行较广。当然我客观的看法也是哥大出版社最相宜，不过我对这书像别人对子女一样，即使明知不是这块料，总想 give them every chance。但是三心两意，让你因此为难，实在不可原宥的。前两天我写了信告诉 McCarthy 等今年年底有了定稿，寄一份给他看了再说。哥大方面暂缓进行，如果他们失去兴趣，也只好作罢了。等以后卖不掉，我也还是感激你当初替我打算。国语对白的《海上花》三月起在《皇冠》连载，大概要登到八九月。我因为冷牛奶吃了作气，多年不吃了，近来改吃热的，脱脂的不吃，没有你的毅力。快过阴历年了，正好给你跟王洞、自珍拜年。

爱玲

一月廿二（一九八二）

【按语】

当年看了本信，我只好叹口气。爱玲考虑了很久，做了一个错误的决定，也就不便再去规劝她了。其实芝加哥大学、哥伦比亚大学、加州大学的出版所都已有百年以上的历史了。由它们出版比较冷门的外国文艺名著实在是最相宜的。余国藩所译之四巨册《西游记》是芝大出版的，我人在哥大，知道它所出版的东方各国之古典名著更是多不胜数。爱玲的原有代理人推销《北地胭脂》，没有一家美国书商对它有兴趣。麦卡赛举荐的那一位即使比 Marie Rodell 强得多，他又有什么本领把张译《海上花》卖给 Random House, Knopf 等水平较高的美国书局？该书手稿未能在译者生前出版，我想同她的错误决定大有关系。

100

志清：

会有这样巧的事，你寄给我的《现代中国小说集》与哥大出版补寄来的这书同一天寄到！我想把你那本寄还，你搁在那儿总可以派用场，又怕万一（虽然大概不会）扉页上写了送给我的——没拆开看，因为免得再打包，而且决不会包得那么好。等下次来信请顺便告诉我一声，好让我寄出。我只看见《春月》中译本广告。英译《海上花》如果由出版商出，找名作家写介绍词当然是最好的广告，可惜我一个都不认识，不过目前还用不着想得这么远，极可能那代理人一看性质不合，就不受理。McCarthy是说他好所以介绍，当然也不必再另找了。《皇冠》上连载的，我不过翻译吴语，预告上误作“改写”，我赶紧去信更正。但是这样四回一登，登到那些沉闷的诗文酒令等等，读者看不进去，要跳都没法子跳。本来预备英译本寄出前，还是要照最初的计划删掉这些再补缀起来，国语译本就等出单行本再删，现在看看不行，不等连载完了读者早跑光了，只好一面登一面删。这书不合一般人的口胃，顶多希望比较普及点。Marie Lalitte来信说Flammarion出版公司要出《金锁记》法译本——本来说太短不成为一本书。

她译的巴金的《寒夜》已经印了三万本，估计要出纸装本了。巴金当然不同，是知名作家，尤其在法国。近来想必好？王洞、自珍也好？

爱玲

四月廿四日（一九八二）

【按语】

Spring Moon 这部写中国近代变革的小说，一九八一年出版后即成为畅销书。爱玲在信上提到了它的中译本《春月》大概是因为我刚告知她，曾同该书作者包柏漪（Bette Bao Lord）及其丈夫 Winston Lord（美国外交官）见过面。包女士很客气，初会面即以其名著相赠。我看了它的序曲和首章，就觉得不必勉强看下去，辜负了她贻书之友情。

法国学者 Marie Lalitte 因为要直接征求张爱玲的同意，才同我通信的。想来她也是看了我的《小说史》后，才放胆把《寒夜》译出的。在我肯定此书为巴金杰作之前，中共评家对它都并不太欣赏。

101

志清：

你今年放假更忙了，写文章。庄信正那篇书评的出路还又要你费事去说，真不过意。英译《海上花》又暂搁下，要先出本小说集散文集。还是忙着看牙齿。牙医生问我医生有没有告诉过我为什么始终没养成人到中年就有的蛀牙免疫性，老了又失去的。难怪到了别人失去免疫性的时候，就更看牙齿看个不完了！实在忙昏了，上次法国来信也没看仔细，还当《金锁记》有人出版了，其实至今未定。近来好？王洞、自珍都好？

【按语】

这是写在一张小年卡上的一封信。卡上另有 With Best Wishes for Your Happiness in the New Year 现成印好的这两行，上面：王洞、志清、自珍三名并列，祝辞下面另有“爱玲”二字。

一九八二～一九八三那年我休假，从美国政府 National Endowment for The Humanities 那机构申请到了一笔研究资助金，所以爱玲认为我“放假更忙了”。根据庄信正一九八二年十一月三日给张爱玲的信，我自动要写信给高信疆催他刊登庄的

书评。（《张爱玲来信笺注》，INK 印刻出版公司，二〇〇八，页一一八）

刚要寄出，收到你的卡片。当然非常高兴你喜欢《华丽缘》。《联副》寄了《华〇〇》《多少恨》两篇影印本来，问可否登载。登出时多了一篇《殷宝滟〇〇〇〇》，大概也知道这篇太坏，我不会同意。《华〇〇》只改了一句，“背景在十八世纪英国乡村的”原作“改编 Jane Austen 的小说的”实验歌剧。《多少恨》改了女父劝女儿的一段对白（闹离婚夜长梦多，又怕他太太狮子大开口，原文一味说他太太可怜）、他太太与女主角见面一场几句对白——可参看唐文标盗印本，他不送也会有人送你的。卢燕女士有意拍《沉香屑》，请嘱她与宋淇通信，他等于我的代理人，且也偏爱小说，曾经想搬上荧幕，也许有意见供献，可做参考。我精神不好，只好请代向她多致意。英译《海上花》还有些地方要改，再拿去打。等有消息会随时报告。

爱玲

又，连载似乎没什么反响。

【按语】

看到我一九八二的年卡后，张爱玲另写一纸（薄薄的 Onion paper），夹在卡片里寄出的。她两次把“华丽缘”写成“华

○○”，把“殷宝滟送花楼会”写成“殷宝滟○○○○”，只为自己省些力气、时间，别无其他用意，那三篇小说的原本皆见《张爱玲卷》，即张所谓的“唐文标盗印版本”，由台北远景出版公司一九八二年十一月初版。我自藏的那本非唐所赠，想是远景发行人沈登恩寄赠的，收到日期为一九八三年二月二十三日。《华丽缘》里被改动的那句原作：“譬如珍·奥斯顿的小说，万一要是要编成歌剧，我想如果用一个唱腔到底，一定可以有一种特殊的效果，用来表现十八世纪的英国乡村，那平静狭小的社会，里面‘人同此心，心同此理’，说起来莫不头头是道，可是永远是那一套。”（《张爱玲卷》页八五）改正本见张爱玲《余韵》页一〇八。读者如对《多少恨》文字上的改动有兴趣，可按照张的指点，自查《张爱玲卷》《惘然记》二书。

“连载似乎没什么反响”应指张爱玲注释的韩子云小说《海上花》。此书一九八三年十一月初版前，已在《皇冠》杂志上连载过。

完了！实在忙昏了，上次法國来信也
没看仔细，还當金鎖記有人出版了，
其实至今未定。近来好？王洞自珍
都好？

爱玲

Dec 1982

王洞
志清
自珍

With Best Wishes for Your Happiness
in the New Year

爱玲

志清，
你今年放假更忙了，
写文章。范信正那篇書評（的出路）
还又要你費事去說，
真不过意。英譯海上花
又暫擱下，要先出本小說集
散文集。还是忙着看牙齒。
牙医生同我医生有没告訴过我
为什么始終没養成人到中年就
有的蛀牙免疫性，老了又失去的。難怪到了别
人失去免疫性的时候，就更看牙齒看个不

102

志清：

刚收到庄信正的信，说你觉得写那信不会有效，还是让皇冠去交涉最好了。我也有同感——是这样。但是那天在电话上忘了跟信正说，宋淇写那封信的原委不能告诉任何人，不然万一给皇冠方面知道了，不但不肯出力，而且伤感情，破坏了人家多年的友谊，我实在太对不起宋淇。我刚想起这一点，赶紧补封信给信正，希望你也没跟谁提起。匆匆去寄信，过天再谈了。王洞、自珍都好？你近来想必好。写文章可也顺利起来了？

爱玲

一月十三日（一九八三）

【按语】

此信曾误作信七十一登在《联文》第一六三期《张爱玲给我的信件（九）》。

爱玲托宋淇为她写封信，而我认为此信“不会有效”，她也同意，更怕“皇冠方面”会有人知道，但“宋淇写那封信的原委”我早已忘怀了，只知是为沈登恩出版唐文标《张爱玲卷》侵权之事。

103

志清：

我不知道Diana Chang的中文名字。

祝

近好

爱玲

志清：

年底写圣诞信，也没找出上一封信来再看一遍，忘了你提起Diana Chang的小说，寄出后马上想起来了。前几天匆匆来信，又没来得及说。其实你找人译出来，一定有许多人赞赏。她母亲是西方人，所以她读圣约翰的时候大概很孤独。来美后不论男女一致都说她可爱，人又好。她自己也说年纪大了点快乐得多。唐文标我觉得最要紧是不给他free publicity。我正要出本小说集，一本散文集，自序里不得不提起一声，那是to be expected，没有新闻价值。宋淇前一向又生了场大病，现在刚好点，我也请他不要为这件事烦神了。当然也不希望你写文章讲这事，就连在别的文章里也请格外留神，避免提起宋淇写那封信的事。平鑫涛会resent it，不但会影响他与宋淇的友谊，光就我来说，我一向对出版人唯一的要求是商业道德；这些年来皇冠每半年版税总有二千美元，有时候加倍，是我唯一的固定收入。当然，即使对我有点芥蒂也不会就此不替我出书，不过也许会搞得很僵。你一定明白我为什么再三噜苏叮嘱，我想你不会介意。倒又快过年了，你那篇难产的文章如果还没完工，希望元旦开笔势如破竹。王洞、自珍都好？

爱玲

二月四日（一九八三）

《张爱玲卷》我有两本在这里，万一你没有，我就寄一本来。又及

【按语】

耶鲁老同学李鹤洙（Peter H. Lee）教授邀我于一九八三年六月中旬在韩国汉城参与一个讨论东亚文学的国际性会议，爱玲信上一再提到我“那篇难产的文章”，可能就是我要在这个大会上宣读的那篇*Chinese Novels and American Critics: Reflections on Structure, Tradition, and Satire*（刘绍铭曾把全文译出，标题作《中国小说、美国评论家——有关结构、传统和讽刺小说的联想》）。此文所载都是我心里想说的话，并不难写，但所谓“美国评论家”其实即是几位在名大学任教的中国古典小说专家。我批评他们，但不想惹他们生气，也不让他们

抓住我的任何话柄，在措辞方面需特别小心而已。此文已收入我的中国文学评论集,*C. T. Hsia on Chinese Literature*(Columbia University Pres, 2004）。

一九五五年春我在《纽约时报·星期书评》上看到了英文本《秧歌》的书评，非常高兴。一九五六年九月二十三日，我又在同一周刊上看到了一篇书评，赞美华裔作家 Diana Chang 的处女作《爱的边疆》（*The Frontiers of Love*，兰登书屋），也极为兴奋，终于一九五九年备置了一册。想是在一九八二年深秋，纽约州的华裔图书馆工作人员特请他们的同行作家丛苏、新出道的剧作家 David Henry Hwang（日后以 *M. Butterfly* 此剧成名）和我三人组成一个 panel，数月之后在他们的年会上主讲华人以英语书写的文学作品。果然到了那一天，我即以林语堂、熊式一、蒋彝为代表,在曼哈顿会场上讲了比我更早一代的华人英语作家。但答应参与此会之后，我也看了些新生代华裔作家的作品，包括自藏的那册《爱的边疆》在内。

当时我的设定是，同其女主角一样，Diana Chang 在一九四五年胜利前后也还是上海圣约翰大学的学生。张爱玲一九四二年从香港返沪之后，曾在该校注册上过课，很可能知道其人。我在袁同礼编集的一厚册 *China in Western Literature*（纽海文，一九五八）里找到了 Diana Chang 的中文姓名，张粲芳——哪一年出生于纽约市待考，不满一岁即随其父母返中国，胜利后才重返纽约。一九四九年毕业于巴纳女子学院（Barnard College），比张爱玲年轻了几岁。爱玲一九五六年八月十八日在纽约同赖雅（Ferdinand Reyher）结婚，同年九月在《时报星期书评》上看到了对《爱的边疆》之佳评。同我一样，爱玲因此对张粲芳感到兴趣，也大有可能。细看二月四日那封信，二人曾在纽约见过面，也说不定。爱玲谓粲芳的母亲是“西方人”，不全对。其母乃华人同西方白种人的混血儿，乃所谓Eurasian。我曾嘱《联文》编者把《爱的边疆》书皮封底上的照片在第二一三期影印出来，让读者一睹粲芳当年“可爱”的形象。

我一直不知道张粲芳也在巴纳学院兼任一门写作的课。一九八五年春，来自香港的大四学生伍梅芳（Janet Ng）上我中国现代文学这门课，且选我为其论文导师。她已上过或正在上张粲芳一门指导创作的课，因之有意请我同其张老师吃顿饭，好好谈谈。我调查一下她出版的著作，发现她近年来专写讨好女性读者的爱情小说，不免对她兴趣大减。但到了今天，对很多西方的亚裔读者而言，“亚美文学”（*Asian American Literature*）是个热门题目。在Lawrence J.Trudeau主编的*Asian American Literature*（Detroit，一九九九）这部巨型参考书内，二张份量相当，张粲芳评论部分占了十五页，张爱玲才十四页，真该有人去把前者的作品好好评审一番才对。

104

志清：

回来了想必一切都好。去了三十几天，希望你刚巧错过了纽约淹水等等。单独带孩子五天真够累的。中国建筑全石造的似乎少到没有，万历陵也说不定是 Jesuits 设计的。西安有没有新出土的古物？桂林是否有点像重庆、昆明？真希望你写点东西关于此行。大陆游记虽多，我总是等不及地看，尽管看了失望。像你说的上海就如在目前。当然不像写普通游记简单，也许你不会写。我到过的国家实在少，能旅行总想去没去过的地方。香港我六〇年间去也已经完全改观。宋淇来信提起过患重感冒，原来你路过香港刚碰上。倒还又见到陈炳良。大陆出品磁鞋治高血压倒没听说过。我近来精神更坏了，非常容易疲倦。《惘然记》销路要明春结账才知道。

匆匆祝

好，问候 Della。

爱玲

八月廿九（一九八三）

【按语】

前信按语提到我一九八三年去韩国开会，会后我便去北京、西安。

王洞等自珍去了夏令营才到上海与我汇合，同我六妹玉瑛、妹夫焦良畅游苏杭、桂林，回程王洞回台省亲，我一人先返美，回家照顾自珍。这便是此信“去了三十几天……单独在家照顾孩子”所指，路经香港时，因宋淇生病，没见着，倒见了陈炳良，我与陈不熟，他与王洞在耶鲁同过学，后转到俄亥俄州立大学，得到博士后，在岭南大学教书，现已退休，定居美国。

那时到大陆旅游，若没有公家安排，坐火车、乘飞机、住旅馆都是问题，承钱钟书帮忙，由社会科学院邀请，一路都有他们的人陪同，我没有演讲，只见了几位作家及亲友。这是我离开上海五十六年后首次返乡，也是最后一次。

105

志清：

这张不是预备转去的。维他命 C&E 我吃了不见效。我的住址电话还是请代保密，不然有人来找，要得罪人的。现在马上去寄信，年底信又慢，还不知道什么时候寄到。匆匆祝

Della 与自珍都好——

爱玲

廿二日（一九八三年十二月）

志清，

这張不是預備轉去的。維他命C+E
我吃了不見效。我的住址電話还是請
代保密，不然有人来找，要得罪人的。
現在馬上去寄信，年底信又慢，还不
知道什么时候寄到。匆匆祝

Della
与自珍都好——

愛玲　廿二日（一九八三年十二月）

106

志清：

我因为老房子虫患被迫仓皇搬家，匆匆先写张便条寄地址来：

1749 N.Serrano Ave.， Apt.216

Los Angeles, CA 90027

这里臭讲究，还要填表申请，references我填了你与信正。信箱上只有Reyher一个字，以后来信就请免用“张”了，我也不署“张绒”了，免得寄不到或退不回。《惘然记》销路很好，向来报喜不报忧，所以不等结账早有消息。祝

近好，王洞、自珍都好。

爱玲

十一月五日（一九八四）

志清，

我因為老房子蟲患被迫倉皇搬家，匆匆先寫
張便條寄地址來：

1749 N. Serrano Ave., Apt. 216
Los Angeles, CA 90027

這裏真講究，還要填表申請，references我填了你與
信正。信箱上只有Reyher一個字，以後來信就請免
用「張」了，我也不署「張織」了，免得寄不到或
退不回。「惘然記」銷路很好，向來報喜不報
憂，所以不等結賬早有消息。祝
近好，王洞自珍都好。

愛玲 十一月五日〔一九八四〕

107

志清：

我这一年来为了逃虫难，一直没固定地址，真是从何说起。收到你的圣诞信，再不赶紧回信更要失去联络了。那位看过《太太万岁》的美国教授的信寄到旧址，居然转了来，我小心地收了起来，预备稍微安定一点再回信，就此不见了——连他与他的中国太太的合影，我真不安。你有空的时候请把他的姓名地址写给我，不忙，反正已经耽搁了这些时，人家见怪也已经见怪了。多谢写信给平鑫涛关于唐文标的事。我也好久没收到平鑫涛的信，不知道他是否在国外。我丢失了一批信，也不知道有没有他的在内。等着看《鸡窗集》。宋淇的序是动人的传记文学。你的英文名字取得很好，像你。悼吴鲁彦文中提起的，打翻一杯酒的是吴，我当时有点诧异，因为他不像是慌乱或是像我这样拙手笨脚的人，所以记得。匆匆给你和王洞、自珍拜年。

爱玲

十二月廿二日（一九八四）

【按语】

《鸡窗集》是我第一本散文集，由宋淇作序，书中收了两篇文章都是为鲁芹而作。《杂七杂八的联想》是为其《英美十六家》写的序。《最后一聚》是悼念鲁芹的，其中提到一九六四年在华府开年会的情形。“张爱玲那时也住在华府。她虽不爱凑热闹，克毅作东，请了我们兄弟和陈世骧，她也出席了。席间有人打翻了一杯香槟，想来不是济安，就是爱玲。”爱玲在信中把吴鲁芹的“芹”写成“彦”。“打翻一杯酒的是吴……”。想来爱玲记错了，根据高克毅的文章，是他亲自驾车把陈夏三人，开到爱玲的寓所，接了爱玲，再开到附近的一家酒馆，席间只有五人，鲁芹并不在场，请参阅高文《张爱玲的广播剧》，载《联合文学》一九九五年十月号。

H2

爱玲：

年初收到信之后，一直关心你的近况，虽然连信也没有写。你这样逃虫难，没有固定地址，不仅不能定下心来写作，你的身心健康也会受影响。盼望你早日安顿下来，找到一个适宜的住址，再去检查一下身体。如一切正常，不妨多写些东西，生活就上轨道了。两星期前，悌芬来信，也附写一封近信（to you）的Copy，表示对你常关切。信正也一两星期通一次电信，每次都要讲到你，表示很不放心，你在Hollywood住久了，可能也住腻了，才会感觉上到处都是虫。有无兴趣来纽约住一阵子？度一个假？其实在纽约长住也很好，至少有我和信正这两位可靠的朋友。

那位看过《太太万岁》的美国教授是Paul G.Pickowicz, Program in Chinese Studies, C-004, University of California at San Diego, La Jolla, CA 92093。

她太太叫李怀。去年十一月他们有了个女孩叫毕凤麟，Natasha。

上次给你信后，才看到《张爱玲资料大全》。此书印得很马虎，时报出版公司既已停销，我想Stephen的劝告是对的，这本书先不去理它，不可由你自己出面当 editior。

《鸡窗集》早已寄出了，想已收到。我家电话×××-×××××××，有时想同朋友聊天，可打电话来。《海上花》国语本我想保存一册。你手边如无书，我可直接写信给平鑫涛寄我一本。

多多珍重，祝

健康

志清

一九八五，三月二十二日

p.s. 今天一时同 Diana Chang 吃午饭。想不到这几年她一直在 Barnard 教 creative writing。我同她初会，如印象欢好，再函告。

H3

爱玲：

好久没有消息，实在很挂念。八月初王洞与我去台北，住了三星期，参加《联合报》的夏令营活动，见到不少作家。平鑫涛也见到，他也久无你的消息，不免让人着急。最近水晶在《中国时报》上登了你生病的消息，此文连《纽约报纸》也转载了，想来海内外关心你的朋友、读者也跟着 worry 起来。但愿此讯不确，你已起居正常，找到了合适的 apartment，而且真的见不到 fleas 了。有空请写封短简，至少让我们老朋友（Stephen，信正等）都放心才对。水晶收到 Stephen 的信，即把它公布，不为你着想，很可憾。祝健康。并候

回音！

志清

一九八五，十月五日

C. T. Hsia

Ms. Eileen Chang Reyher
1626 North Wilcox
Apt. 645
Hollywood, CA 90028

爱玲：

好久没有消息，实在很挂念。八月初王洞同我去台北，住了三星期，参加联合报的夏令营活动，见到不少作家。平鑫涛也见到，他也久无你的消息，不免让人着急。最近水晶在中国时报上登了你生病的消息，此文连纽约报纸也转载了，惹得海内外关心你的朋友、读者也跟着worry起来。但我此次才懂，你已起居正常，找到了合适的apartment，而且真的见不到flea了。有空请写封短简，至少让我们放心了（Stephen，你的来）却对你十分关心。水晶收到Stephen一信，即把它公布，不为你着想，很可耻。祝

健康、平安

志清

一九八五，十月五日

回音！

H4

爱玲：

Season's Greetings and Best Wishes For a Happy New Year

志清，王洞贺年

一九八六

Mae 患 cancer，胃部切除一部分，悌芬也有心跳快、血压高之病状。我八月下旬去HK，未与他们相聚，二人都在病中，不见客。您近况如何？身体想好，甚念。望自知珍重，已有固定的寓所！

一九八六，四月十七日

【按语】

这是附在一张贺年卡祝词下面的话。英文是卡内的祝词。

爱玲：

Season's Greetings and Best Wishes
for a Happy New Year

志清、王洞 贺年 1986

Mae 患cancer，割掉肠一部分。
[illegible]也有心脏病，血压高之病状，我
八月下旬去HK，未与他们相聚，二人都在病中，
不见客。您近况如何？身体想好，为念。
望自知珍重，已有回[illegible]的意思！

1986
4/17

H5

爱玲：

两星期前我答应《明报月刊》的新主编张健波要给你写封信，好像并没有写，但一直惦念您的近况倒是真的，祝您身体好，有兴致多同朋友信札往来，也不妨多写稿，我近文《谈谈卡莱葛伦》，载《联副》，正在《世界日报》连载，希望你有兴趣看看。看不到，我可把文章寄你。

今年《明报月刊》正月号登了你的中篇《小艾》，很轰动。同时《联副》《世副》曾连载过，我想所有的张迷都在年初看了这篇你的旧作。《联副》有您的地址，希望早已把稿费寄你了。若未，你自己也不妨去问一声。月前有机会同张健波通信，因之连带问一声，《小艾》稿费已寄张爱玲否。回信他说没有你的通讯处，稿费至今存于会计处。因之我回信建议，他同我各写一信，希望 one of us 得到你的回音。再按照指示把稿费寄上。你不怕生，同张君通信也好，反正我一番好意，希望你获到你应得的 income。

Mae 接受化学治疗以后，Stephen 也累坏了，真亏他撑下来的。月前同高克毅夫妇看 Pygmalion with Peter O'toole，Amanda

Plummer，John Mills，特别满意。

所有友好都挂念你，祝

健康！

志清

一九八七，六月二十七日

H6

爱玲：

To Wish You a

Merry Christmas

and a Happy New Year

志清，王洞

一九八七

两三年没有音讯了。两月前由信正转来《余韵》一册，十分感谢。大家都关念你，望你身体好，一切自知保重，为祷。

志清又及

爱玲

To wish you a

Merry Christmas

and a Happy New Year

志清，王洞
1987

两三年没有去信了。两月
前由皇冠转来"余韵"一册，
十分感谢。大家都关念你，
望你身体好，一切自
己保重，为祷。

志清又及

108

志清：

我这几年一直住在郊区，近两年在valleys。天天搬家，带不了多少东西，今年一月扔掉贺年片，先抽出来看看，才发现郑绪雷的一张上附有“圣诞信”，介绍医生。去看这医生，是UCLA教授，诊出是皮肤过度敏感，敷了特效药马上好了。大概fleas两三年前我以为变小得几乎看不见的时候就已经没有了。郑绪雷来信说水晶讲我与fleas那篇文章上misquote你的话。我没看那篇文章，倒不是讳言这几年的事，我自己预备写一篇关于这场人虫大战，不是针对他那篇，所以不用看。Life's too short，不犯着为这种人生气。不管他怎样误引你的话，我反正不理会。再让他离间我跟仅有的二三知己——虽然他未必存心这样——我也太无聊了。我搬到这里很好，稍微安定下来一点就去看牙齿。因为一直住得太远，交通不便，延宕至今。统统坏得特别棘手，往往去一次回来躺两天。还不知道什么时候看得完。明知不能耽搁而耽搁了，也是因为实在劳累，天天上午忙搬家，下午远道上城，有时候回来已经过午夜了，最后一段公交车停驶，要叫汽车。剩下的时间只够吃睡，才有收信不拆看的荒唐行径。

直到昨天才看了你’85 年以来的信，相信你不会见怪，除了怪我糊涂，没更努力去找好医生，白糟塌（蹋）了两年光阴 which I can no longer afford —— not that I could before. 你的电话号码我保存着，与电话同样备而不用。电话簿上也没有我的号码，384-6867，请千万不要告诉任何人，免得我接听不慎，把人都得罪光了，想也不是你愿见的。《四十年前的两封信》是最真切的身边散文，与读者没有距离。我看着老是想着我那时候在做什么，更使它立体化了。《联副》上发表的近作我不久就会看到，如果刚巧没收到报纸，再跟你要。我的书除了绝版的全扔光了，下次与皇冠通信，要他们寄一本国语《海上花》给你，如已有就请搁在那里或送人。近来好？王洞、自珍都好？

爱玲

四月六日（一九八八）

【按语】

这是我自一九八四年十月廿六日以来，三年间收到爱玲的第一封信，我给她的信，H2、H3、H4、H5、H6，她都没有拆。这三年她倒每年给庄信正写一封信，因躲“虫患”，常搬家，没有固定的地址，她忙于看病搬家，每日累得精疲力尽，“剩下的时间只够吃睡，才有收信不拆看的荒唐行径”。看了令人心酸。《四十年前的两封信》是登在一九八八年二月七、八两日《联合报》的文章。“《联副》上发表近作”是指我《谈谈卡莱·葛伦》的文章，现已收入《谈文艺·忆师友》（天地，二〇〇六；印刻，二〇〇七）。

志清，

我这几年一直住在郊区，近两年在Valleyo。天天搬家，带不了多少东西，今年一月扔掉贺年片，先抽出来看看，才发现郑绪雷的一张上附有「圣诞信」，介绍医生。去看这医生，是UCLA教授，诊出是皮肤过度敏感，敷了药特灵马上好了。大概fleas两三年前我以为变小得几乎看不见的时候就已经没有了。郑绪雷来信说水晶讲我与fleas那篇文章上misquote你的话。我没看那篇文章，倒不是讳言这几年的事。我自己预备写一篇关于这场人蚤大战，不是针对他那篇，所以不用看。Life's too short，不犯着为这种人生气。不管他怎样误引你的话，我反正不理会。再让他离间我跟仅有的二三知己——虽然他未必存心这样——我也太无聊了。我搬到这里很好，稍微安定下来一点就去看牙齿。因为一直住得太远，交通不便，延宕至今，统统坏得特别棘手，往往去一次回来躺两天。还不知道什么时候看得完。明知不能耽搁而耽搁了，也是因为实在劳累，上午天天忙搬家，下午远道上城，有时

H7

爱玲：

今春收到你四月六日的信，是一年中大事之一。知道你平安，皮肤病已治愈，除了牙疾外，没有甚么病痛，真是松了一口气，放心得多。当时事忙，先把《文学评论集》寄上，预备隔几天再好好写回信，不料，信尚未写，信正来电话，你已搬出 So. Reno St 的 apt. 不知搬至何址。年纪大了，连我欠人家的信也多起来了——原想今秋开学之前，把欠信一一覆掉，却一封也没有覆，都是大陆人写来的信（柯灵太太以沪江同学的名义同我通信，我也未覆）。但您的信我总是很快就覆的，想不到这次迟了几个礼拜，你又搬家了。不久前信正给了我你的新地址，但到今晚才给你写信，希望你四月以来身体不坏，虽然又搬了一次家，牙医继续不断去看的。你比我年长几个月，我也在前几年整理牙齿，造了两个桥，添了几个 crowns，主要 gum 上开刀补救，现在牙齿健康情形极佳，而且特别注意洁齿、口腔卫生。难得参加一次 cocktail 酒会，总发现大半人口吐臭气，很不好闻。我是四十多年来饭后一定刷牙的，只可惜无牙医指导，去加用 floss，因之 gums 曾 recedes 很厉害。现在新出一种电动牙刷叫

Interplak instrument，我已用了两年，remove plague 很有效。你有兴趣，不妨也买一个，大的 drug stores 皆销售。

信上说，你要叫皇冠送我一册国语《海上花》，其实，该书他们早已寄了，信到后，他们一连两次寄我《红楼梦魇》，因之此书我有四册，两册是你送的，旧版封面你亲自设计的，比皇冠为你设计的新封面，有意思得多了。此书我未毕读，实在因为自己“红楼”读得不熟，对版本考证的问题兴趣就不大了。但你的作品我都要读的，总会把“魇”书从头至尾细看一遍的。我也叫陈晓华寄我一册你的《续集》。续集作品大半都读过，又把《谈吃》重读了一遍，觉得你对上海、对西方的小吃，懂得实在多。老大昌的洋名叫 Tchakalian，想原来老板是 Armenian 人。我有个学生姓 Sohigian，才知道绝大多数 Armenian 的姓氏都是 -ian 收梢的，如去年去世的导演 L. Mamoulian。你对各种民族都有兴趣，这点当然你早已知道了。

《续集》自序最后提到宋淇夫妇，他们的健康情形我也一直在担忧。悌芬写起信来，还是长长的，认真得很。我欠他的信也有好几月了。想他仍是不断给你信的。

上次你给了我你的电话 number，我还是没有动用。真有些后悔，电话上讲几句话，也蛮有意思的，比读朋友来信味道不同。If you are still in the mood，请把新号码给我，心血来潮，也可以打个电话给你。我比较注重身体，每天服用 Vitamin， minerals，还要运动（上下楼梯、or jogging，吃饭后必散步），时间用掉不少，因之读书、写作，都不像从前那样的专心了。师陀想你认识。八三年返沪，我曾见到他。上星期他的独子王广一打电话来，要见我。来了，才知道他爸十月初去世了，母亲才给他信。我一人在家，也无法安慰他，但他除我以外，别无可讲话的人，只好来找我。他算是在 Georgia 读书，其实大半时间在纽约打工。师陀实在很穷，不像那些红作家有办法。自珍长得比王洞高了，智识不开，一无办法。

Della 一星期教四点钟中文会话，消遣。希望不久看到回信，祝

多多珍重，take care！

志清

一九八八，十月廿九日

【按语】

此信是覆爱玲一九八八年四月六日的信，先告诉她我已给她寄了《夏志清文学评论集》（《联合文学》，一九八六）。因她近年为看牙医所苦，我便在此信中大谈我治牙护齿的经过，我即将九十二岁，没有一颗假牙，从不牙疼，吃起东西来，津津有味。除了我勤于刷牙之外，实在是我有一位好牙医，我一直想写篇文章赞扬他，他叫 Phil Eng，是第二代华裔，他手巧心细，真正

喜爱他的工作，无论补牙、造桥（bridge）、制冠（crown），都很精准，经他整治的牙齿，既美观又耐久，他也是宋以朗的牙医，两年前，我们就是在他的诊所初次见面。

柯灵原名高季琳，是有名的编辑、剧作家、评论家，抗战时在沦陷区的上海主编《万象》，常登爱玲的作品，他很赏识爱玲。一九四四、四五年，两次被日本宪兵抓去，幸赖胡兰成相救脱险，逃往内地，抗战胜利后，竟视爱玲为“汉奸的女人”，加以轻薄，爱玲在《小团圆》里把他写成一个不念旧恩、乘人之危、占女人小便宜的小人。他二〇〇〇年过世，《小团圆》迟至二〇〇九年才出书，他若在世看了此书，不知做何感想。

师陀原名王长简，另一笔名芦焚，抗战时也在上海，他写小说，也编剧，他编的《大马戏团》由石挥、张伐主演，当时很轰动，我在《中国现代小说史》里有专章讨论他，我一九八三年去上海，也拜访过他。他的独子王广一，本来学医，来美后靠打工赚取学费，维持生活。师陀过世后，他太太陈婉芬来美与儿子相聚，生活清苦，曾把周作人的手稿让给我。有一日，广一在新泽西州打工的宿舍着火，不幸被烧伤，转去宾州大一点的医院，婉芬嫂无钱，又不懂英文，我只得买上火车票陪他去宾州。大陆经济起飞后，婉芬嫂回到上海，从此失去联络。

109

志清：

收到十月廿九的信，非常高兴。我上次搬家把信全丢失了，搬家后请皇冠编辑寄本《红楼梦魇》给你——只记得是本冷门的书，不是新出的，也无信可查——她回信说已经寄了本《续集》去。我以为她看错了书名——其实大概是她给我这封信上的笔误——又去信请她再补寄本《红楼梦魇》去。一误再误，结果耽搁了好两年了，还要你自己费事写信去要一本国语《海上花》！真太过意不去。这次搬家因为感冒一个月，刚好点就忙着搬，精神太坏，病中累积的十廿袋垃圾内，混入误扔掉的一包东西，里面有这几年来收到的一大叠信。越是怕丢的东西越是要丢，损失不起，实在不能再搬了，所以住址保密到paranoid程度，根据电话号码也可以查得出来，只好号码也谁都不告诉。也没心肠打电话谈天，看你的《评论集》就也行了，你的文章都personal气息很浓。罗素与艾略特那篇是最好的文艺侦探故事。书呆子贝尔轻信名人的门面话，也实在可气。宽待普罗的确是《1984》的一个大毛病。你最励行保健卫生，现在刚巧正时髦，加州更甚，不过你一直是这态度，真难得。Interplak牙医也叫我买，另给了两种小器械，我都不会用。Mae & Stephen 轮流生病，实在使人焦忧。这封信又赶上假期邮挤，大概要明年才寄到了。只来得及春节给王洞、自珍和你拜年。自珍将来极可能是幸福的。社会也在变。我几时有便会终于拆开皇冠去年寄来的一包《续集》，再寄本来，虽然你已经有了。祝

好

爱玲

十二月十四（一九八八）

【按语】

我收到爱玲一九八八年四月六日的信，有了她的新地址，便寄给她我一九六六年出版的《夏志清文学评论集》。其中第一篇便是写《罗素与艾略特夫妇》。罗素是艾略特的老师，罗素爱上学生的太太费文，三人有不寻常的关系，贝尔为罗素作传，看了罗素跟马勒荪夫人（Lady Constance Malleson）的情书，相信罗素的话，认为罗素同费文在一九一七年秋曾一度春风，除此之外并无亲密关系，信中写道："书呆子贝尔，轻信名人的门面话，也实在可气。"显然爱玲读了这篇文章，有感而发，我在前信提到自珍智识未开，爱玲安慰我说自珍"极可能是幸福的"。诚然自珍很容易满足，只要吃得满意，就很开心。

H8

爱玲：

今天收到信，实在很高兴。信愈稀，也就愈珍贵了。二十五日我飞台北，开一个小会。Paper 尚未写就，今年 domestic 贺年片一概未寄，待年初回来再写。但看到你的信，还是先寄你一张，并祝健康，明年不伤风！Gorbachev 真想改进，我对世局也比较乐观些！

志清

一九八八，十二月二十日

【按语】

收到爱玲一九八八年十二月十四日的信，赶紧写了这张圣诞卡给她。所赶的 paper，可能是登在一九八八年十二月二十九、三十、三十一日报纸上的《颂夏赏秋、叹春惜冬——评析〈静静的红河〉》。所开的小会，可能与报纸有关。

Gorbachev 即戈尔巴乔夫，苏联解体前最后一任总统，他自一九八五年当选为苏联共产党的总书记以来，在经济、政治上做了一连串的改革，结束冷战，因此我对世界局势抱有希望。

110

志清：

我过街被人撞倒，右肩骨裂，算 broken arm。在养伤，三月四日信先转寄给代理人宋淇。你跟 Della 都好？

爱玲

五月九日（一九八九）

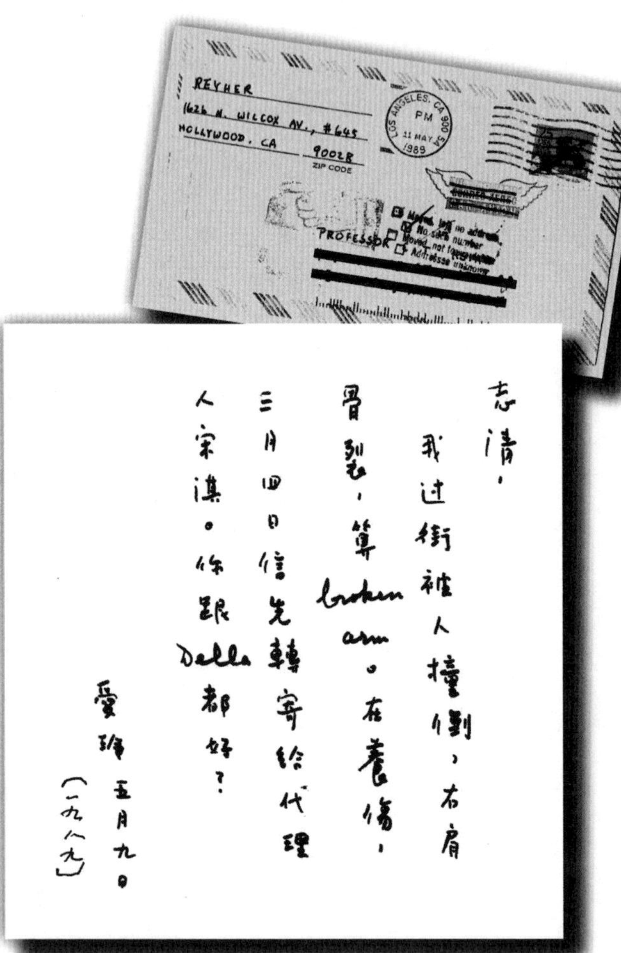

REYHER
1626 N. WILCOX AV., #645
HOLLYWOOD, CA 90028
ZIP CODE

LOS ANGELES, CA 900
PM
11 MAY
1989

PROFESSOR

Moved, left no address
No such number
Moved, not forwardable
Addressee unknown

志清，

我过街被人撞倒，右肩骨裂，算 broken arm。在養傷，三月四日信先轉寄給代理人宋淇。你跟 Della 都好？

愛玲 五月九日

〔一九八九〕

111

志清：

我过街被一个迎面跑来的中南美青年撞倒，跌破右肩骨（humerus fracture），医生说让它自己长好，但是奇慢，整天做体操、水疗，累极了。收到你讲起*Rouge of the North*的信，回信竟把街名115误作125，最近去开信箱才发现退还。寓所信箱也多日未开。又让你为这事再写信来，真太说不过去，实在mortified。写字手臂酸痛，先把我上一封信补寄来。Della、自珍和你都好？

爱玲

八月六日（一九八九）

志清，

我过街被一个迎面跑来的中南美青年撞倒，跌破右肩骨，（humerus fracture）医生说让它自己长好，但是奇慢，整天做体操、水疗，累极了。收到你讲起"Range of the North"的信，回信竟把街名115误作125，最近去开信箱才发现退还。寓所信箱也多日未开。又让你为这事再写信来，真太说不过去，实在mortified。写字手臂酸痛，先把我上一封信补寄来。Della、自珍和你都好？

爱玲 八月六日。

（一九八九）

112

志清：

这次真太对不起人了，一点点事耽搁了这么久。手臂好了还是要勤做体操才可望复原。又去看牙齿看眼睛，有 cataracts，幸而不严重。此外“遵医嘱”改“低胆固醇 diet”，好费事，health foods 难吃，要想法子找能吃的东西，再自己实验做两样简化菜——照食谱做太费力。真高兴你跟 Della 买到 scones。东岸的面包好得多。秦瘦鸥的《秋海棠》小说非常坏，编成话剧有石挥主演，比较好。宋淇在替我设法收回《赤地之恋》版权，很难，合同被我无数次搬家丢掉了。实在经不起再搬了，住址请千万替我保密。我信封上不写，也是怕搁在案头被访客看见。*Rouge of the North* 绝版后想必版权归作者，合同也丢了，无法查看。就请交给 Cheng & Tsai 的书店出版，他们如果来信请平邮寄到

1626 n.Wilcox Av., #645

Hollywood.CA 90028

如果需要挂号（包括 certified mail）就请寄给代理人宋淇转交。匆匆祝

好，Della、自珍都好。

爱玲

十月十日（一九八九）

【按语】

Scone 是一种用油和面粉烤成的甜点，爱玲喜吃，常出现在她小说里。

Rouge of the North 绝版，我曾建议她找 Cheng & Tsai 的书店重版，这家书店由郑洪夫妇创办，我曾从他们的书店邮购过大陆、香港的书，与他们相识，爱玲便托我代为接洽。

H9

爱玲：

十一月初去Boston，见到Jill Cheng（Cheng & Tsai的老板）想她已向你连络了。

望多多保重，手臂shoulder趁早行动自如。

志清、王洞

一九八九

【按语】

这也是贺年卡祝词下的短信。

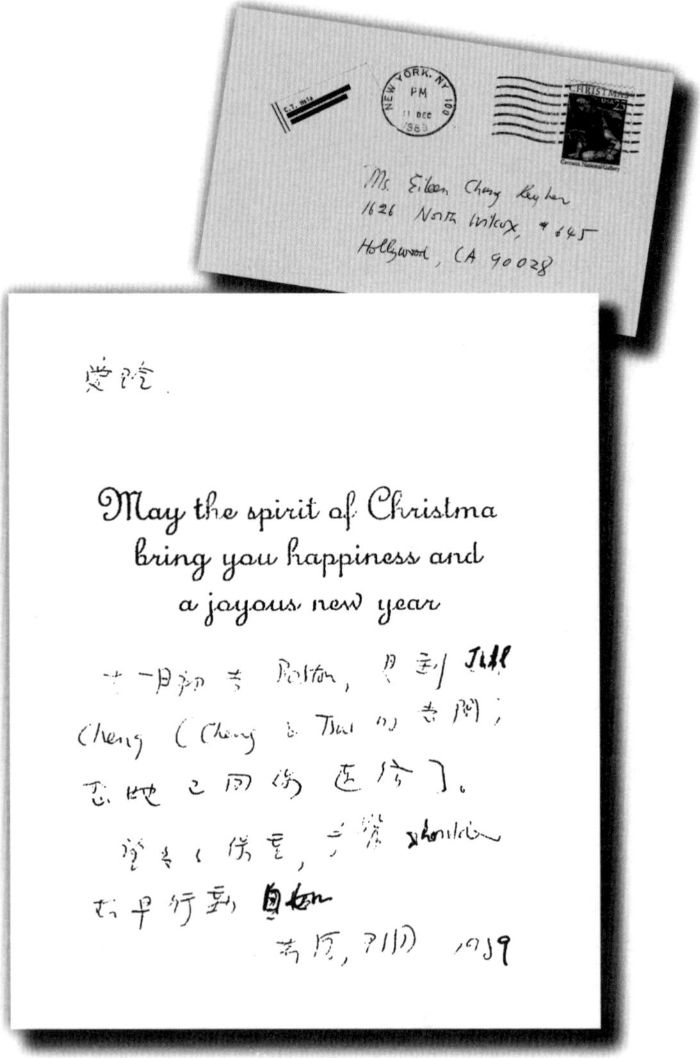
C.T. Hsia
NEW YORK, NY 100
PM
11 DEC
1989
CHRISTMAS
USA 25
Ms. Eileen Chang Reyher
1626 North Wilcox, #645
Hollywood, CA 90028
爱玲：
May the spirit of Christmas
bring you happiness and
a joyous new year
十一月初去Boston，见到Jill
Cheng（Cheng & Tsui的老板）；
想她已同你通信了。
望多多保重，右臂shoulder
能早行动自如
志清，12/10 1989

113

志清：

去年收到贺年片，非常高兴得到你的消息。这些时忙得一直没看台湾两大报，收到都没拆封，所以也不知道你有没在报上写东西，正在惦念。我成天只够伺候自己，chores 永远有增无减。贺年片都没能及时买，想春节寄一张来，店里已经全收起来了。此地墨西哥糕饼有一种像 scones 而略大，不过太甜一点，又一股生鸡蛋味。我买过两次，想着你跟 Della 买 scones。催书店寄合同来。重印绝版的书，大概是要比一般的条件差些，但是有两条是我认为 not negotiable 的，如包括电影版权，又如必要的话，可能要改写，或由我自费雇人改写。我只好去信回绝，只笼统地说 terms unacceptable 免得函札往返逐条磋商——已经白费了他们许多时间向英国原出版人打听版权，又向韩南教授借这本书看。我信上也着实道歉了。当然感谢你要这本书复活的心意。反正已经这些年了，就再等等再说了。祝

近好，Della、自珍都好。

爱玲

三月廿三（一九九〇）

REYHER
1626 N. WILCOX AV., #645
HOLLYWOOD, CA 90028

PROFESSOR C.T. HSIA

志清：

去年收到賀年片，非常高興得到你的消息。這些时忙得一直沒看台灣兩大報，收到都沒拆封，所以也不知道你有沒在報上寫東西，正在惦念。我成天只夠伺候自己，chores 永遠有增無減。賀年片都沒能及时買，想春節寄一張來，店裏已經全收起來了。此地墨西哥糕餅有一种像 scones 而略大，不过太甜一点，又一股生雞蛋味。我買过兩次，想着你跟 Della 買 scones。崔書店寄合同來。重印絕版的書，大概是要比一般的條件差些，但是有兩條是我認為 not negotiable 的，如包括電影版权，又如如要的話，可能要改寫，或由我自費僱人改寫。我只好去信回絕，只籠統地說 terms unacceptable。見得函札往返逐條磋商──已經白費了他們

向原出版人英國打听版权。

教授借這本書看。我信上也

了。當然感謝你要這本書

意。反正已經這些年了，就

說了。祝

珍都好。

愛玲 三月廿三

〔一九九〇〕

H10

爱玲：

May the spirit of the first Christmas

be with you during this holiday season.

明年是羊年，年初买的廉价卡片正可应景派用场。看到你的启事，有人瞎做考证，把别人的 scream play 算是你写的，是不应该的。想你手皆已完全复原，念之。

一直想去伦敦玩玩，六月初我们在 London 住了一周，实在高兴。如有 mood，你也该去伦敦住几天。

祝　康健

志清

一九九〇

【按语】

上段是写在贺年卡内祝词下面，接连写在卡内左边空页上。

一九九〇年五月底马悦然（Göran David Malmqvist）邀我去斯德哥尔摩大学（Stockholm University）参加他博士生的口

试，回程经过伦敦。在这张圣诞卡里，只提伦敦，是想她曾计划去英国留学，因战争没有去成。

114

志清：

我想起伦敦总是想起一个来自南非的女作家的*In search of the English*（我只喜欢她这本处女作），所以不大想去，其实去度假当然完全不同。你们想必畅游。我在忙出全集的事，出了寄两本有新文字的来。给你跟王洞、自珍拜年。

爱玲

（二月十四，一九九一）

志清，

我想起倫敦總是想起一个来自南非的女作家的"In Search of the English"（我只喜欢她这本處女作），所以不大想去，其实去度假當然完全不同。你们想必畅遊。我在忙出全集的事，出了寄两本有新文字的来。给你跟王洞自珍拜年。

愛玲（二月十四.

〔一九九二〕

115

志清：

我在报上看到桃李篇，再圆满的结束也还是使人惆怅。你跟Johnny Carson同是廿九年后退休，比军中的30-ys. man少一年。照片上看得出你跟王洞像一对玉人一样经久。你得风气之先的保健与注重卫生真是paid off了！先些时我又因为逃虫患搬家，本来新房子没蟑螂，一有了就在三年内泛滥，杀虫人全都无效。最近又发现租信箱处有蚂蚁，改租

P. O. BOX 36467

LOS ANGELES, CA 90036-0467

接连闹跳蚤蟑螂蚂蚁，又不是住在非洲，实在可笑。还有更荒唐的，收到两封也许是你的学生的信，或是从你那里问到我的地址的，这些时一直忙迫还没回信，另一封只看到信封上署名Barbara Harrison，没来得及拆看就收了起来，怕搬家忙乱中遗失，就此再也找不到了。如果你认识她的话，请替我道歉，请她有空就约略补写一封给我。你退休后除了忙着写作外一定还有许多别的以前没空做的事，千万不要特为回信，我不过因为告诉你新的通讯处地址，顺便提一声。住址还是需要保密，你访客多，

又仿佛不会太严密防范，万一走漏。实在不能再搬家了。匆匆祝近好，王洞、自珍都好。

爱玲

十一月一日（一九九一）

【按语】

一九九一年五月四日，王德威办了一个学术研讨会，庆祝我退休。邀请了我的亲朋好友及学生，为此我写了一篇文章《桃李亲友聚一堂——退休前的庆祝和联想》登在《联副》上。爱玲看了有感，信中提及，“我在报上看到桃李篇，再圆满的结束也还是使人惆怅”。其实我个人一点没有这种感觉。退休后，我可以旅行、写书，研评十九世纪、二十世纪初期的小说名著，完成我的第三本英文书。二〇〇四年哥大出版了*C. T. Hsia on Chinese Literature*。此书尚未翻成中文。

Johnny Carson 自一九六三年起，主持 NBC 的*Tonight Show*，很受欢迎，他一九九二年退休，二〇〇五年便过世了（爱玲以为他与我同年退休）。

H11

爱玲：

有人从上海寄我妹妹一篇忆我先兄的文章，不知为何，读后极为感动，也寄一份给你看看（在反面），作者魏荒弩想是笔名，我在北大时至少见过他一次，但不知真名，一点也想不起来了。

十一月一日的信读来特别亲切，而且觉得你 mood 很好，让我感到非常高兴。最近你换了个信箱，想无意再搬家。我二十五年未搬家，五月底搬家，一切书籍杂物，自己 pack，搬进新居后，又 unpack，加上要买家具，装书架，忙了四个月。现在大致很像样，只我的 study 尚未整理好。搬进来以前，哥大已把墙壁粉刷一新，地板也新上了油，kitchen 地板都是新的 tiles。所以刚搬进去，并无蟑螂，好开心。后来逐一发现几只，想是旧家带来的。不放心还是贴了不少 Combat disks，真的蟑螂难得一见。你如未用过 Combat，不妨一试，很有效。新屋相当像样，我在此房终老，自感满足，出生以来从未住过这样称得上 elegant 的房子。

上星期去一家小影院看了《怨女》。演员表演都很好，导演但汉章也手法不俗，可惜已为 AIDS 所害，去世了。该片想你也看过的，早几年那部《倾城之恋》，我看后不满意。

我难得把你的通迅地址给人。只有自己的学生要研究你，没有办法，就给了她了。最近一位叫Karen Kingsbury，她读比较文学系，在写论文，以你为题（现由王德威指导）。

Barbara Harrison我不认识，也不是我的学生。退休后我当更careful，不把你的postal address给人了。

十月初去了一趟台北。人愈多愈不可爱。你当年去台湾，还有些味道。想你早知道王祯和已去世了。

纸满不写了，祝

新年快乐，没有虫灾

志清

一九九一，十二月十三

上次那封信很长，不必寄我卡片了。

【按语】

信里写“我二十五年未搬家，一切书籍杂物，自己pack……”。其实我是九月初才搬到我现在住的公寓，我五月底只是把我办公室的书搬回我115th街的旧居，给爱玲写信时落笔写了“五月底”，即这样写下去了，搬书、搬家合在一起反倒简洁些。

我喜欢看好莱坞三四十年的老电影，当年也爱看王羽、李小龙主演及胡金铨导演的武侠片，很少看中国的文艺片，但由爱玲小说改编的电影，我都看，信中谈及我对《怨女》（夏文汐、高捷主演，一九八六）及《倾城之恋》（周润发、缪骞人主演，一九八四）的观感，我没有看过关锦鹏导演的《红玫瑰·白玫瑰》（一九九四）及许鞍华执导的《半生缘》（一九九七），因系粤语对白，李安导演《色·戒》倒是看过两次，一次是尚未剪接的毛片，一次是二〇〇七年纽约首演。在酒会上看到了女主角汤唯。

爱玲屡次要求我不要把她的地址给人。我不得不解释为什么将她的地址给了我的学生 Karen Kingsbury，我退休后 Karen 跟王德威写论文，以研究张爱玲为题。她曾在东海大学教书多年，为了孩子的教育，现已返美定居。二〇〇七年《纽约书评》（*New York Review of Books*）出版了她译的张爱玲小说，*Love in a Fallen City*，收有《传奇》《沈香屑：第一炉香》《茉莉香片》《倾城之恋》《封锁》《红玫瑰·白玫瑰》及爱玲自译的《金锁记》，她把此书 dedicate（奉献）给我，并亲自带了该书的编辑来看我，很令我感动。

爱玲：

有人寄我（怀上海）她之一篇怀我与见的文章，不知可信，读后极为感动，也寄一份给你看看。（在反面）作者魏紫写的是笔名，我在北大时至少见过他一次，但不知真名，一直也想不起来）。

十一月一日收到你寄来转到[illegible]，而且觉得你mind很好，使我感到非常高兴。最近你换了个信箱，想必无意再搬家。我25年前搬家，五月底搬家，一切书籍杂物，自己pack，搬进新居后，又unpack，加上要买家具，装书架，忙了四个月。现在大致很像样，只我的study尚未整理好。搬进来以前，请人把楼梯刷一新，地板也打上了油，kitchen的地板换上新的tiles。所以刚进去，并无蟑螂，好开心。后来[illegible]，[illegible]来的。不放心又去贴了不少combat disks，真的蟑螂难得一见，[illegible]过combat，不妨一试，很有效。新居相当像样，我不比屋经老，自然满足。出生以来从未住过这样称得上elegant的房子。

上星期去一家小影院看了「怨女」。演员表演都很好，导演但汉章也手法不俗，可惜已有AIDS[illegible]，去世了。该片想你也看过的。早几年看到那部「倾城之恋」，我看后不满意。

我难得把你的近作如此给人。只有自己的学生要研究你，

H12

爱玲：

新年以来，还没有通过信，纽约刚刚回暖，Easter Sunday 还是很冷的。加州多灾，LA 上星期有个小小的地震，想你未受惊吓为祷。听说皇冠在出你的全集，希望一切进行顺利。

年初瑞士有位女学者写信给我，有意把你的短篇小说译成德文，向我讨你的地址，我想，作品多有译本，对作者总是有利的。好像以前有位法国学者 Lalitte 女士要译你的小说，你曾同她通过信，这是照例，也把你的 postal address 抄给她了，虽然我知道你极不喜欢有 strangers 来麻烦你。这位 Regula Trauffer 未得到你的回音，今天收到她的信，附信要我转上，不得已只好照办，希望你不会生气。很快，即将一年了，照旧忙碌而没有做了多少事。祝

康健

志清

一九九二，四月二十七日

Columbia University in the City of New York | *New York, N.Y. 10027*
DEPARTMENT OF EAST ASIAN LANGUAGES AND CULTURES
Kent Hall

爱玲：

新年以来，还没有通过信，纽约刚过四旬，Easter Sunday 还是很冷的。加州多灾，LA上星期有个十七八级地震，想你未受惊骇为慰。听说皇冠已出你的全集，希望一切进行顺利。

年初瑞士有位女学者写信给我，有意把你的短篇小说译成德文，向我讨你的地址。我想你亦多有译本，对作者总是有利的。好像以前有位法国学者Lalitte女士要译你的小说，你曾同她通过信，这次照例，也把你的postal address 抄给她了，推想我知道你极不喜欢有strangers来麻烦你。此位Regula Trauffer未得到你的回音，今天收到她的信，附信寄我转上，不得意之处照办，希望你不会生气。

很快，退休将一年了，只是忙碌而没有做了多少事：祝

康健

志清
九二.四月27日

116

我收到报刊总拣最近的一批看，较早的累积到一年半载，有些信夹在报纸里所以没看见，所以耽误了没回那位瑞士汉学家的信——已经寄书寄信去了（Regula 似是女性名字，没敢写 Ms. Or Mr.）——又害她再问你麻烦你，真是不过意。我出全集还有几篇东西要写。LA 暴动地震倒都侥幸没受影响。你跟王洞、自珍都好！

爱玲

（七月八日，一九九二）

我收到報刊總揀最近的一批看，較早的累積到一年半載，有些信夾在報紙裏沒看見，所以躭誤了沒回那位瑞士漢學家的信——已經寄書寄信去了（Regula似是女性名字，沒能寫Ms. or Mr.）——又害她再向你麻煩你，真不過意。我出全集還有幾篇東西要寫。LA暴動地震倒都僥倖沒受影響。你跟王洞自珍都好？

愛玲（七月八日一九九二）

H13

爱玲：

七月上旬寄来的信，早已收到。知道你答应瑞士女郎翻译你的小说，很高兴。七月底我就病了，而且住院六天，出院后也就忘记回信了。您一直说我身体好，但年轻时家里没有医药常识，到老还是吃亏。我的病乃 atrial fibrillation，心脏 valves 给 damaged 了，pump blood 力气不够，只好吃药强心，regulate heartbeat；而且怕有 clots，还得吃 thin out 血的药，再加上降低血压的药，每晨服药甚多。Valves 受损害，一定是幼年时得了 Rheumatic fever，而 Rheumatic fever 乃因有些病（如伤风）不加医治所引起的。我也认命了，只好小心服侍自己的身体，不再让心脏受到损害。

本来还无 mood 写信，前几天收到刘绍铭来信，就不好不写了，刘又在编一部现代中国文学读本，他又想用 Golden Cangue 给我 veto 了。现在，拿到了《封锁》的译文，要把它放入读本里。《封锁》*Blockade* 译者 Karen Kingsbury 是我的学生（比较文学系），两年前就开始写论文了，topic 是你（我已退休，看她论文是王德威 David Wang 的事了）。刘请她译了《封锁》，译好后，据刘信云，她曾两次上函，请求得到你的同意，准她发表于刘 & 葛浩文 Howard Goldblatt 合编的 Anthology 里，你一直没有作覆，现在她去台中教书了，我也没有她的消息。刘来信请我问你一声，肯不肯给 Kingsbury or Joseph S.M.Lau 刘绍铭 permission to include Blockade in the Anthology。你如 grant permission，即在回信里附张便条（中英文皆可，当然英文有效）就好了，不要多浪费你的时间。一切拜托，谢谢。

全集已出全否？一共有几册？近况想好，祝

健康

志清

一九九二，十一月十八日

【按语】

我一九九二年七月参加华文作家大会，坐地铁连续去了两次法拉盛(Flushing)，次日又去哥大体育馆运动，晚上散步，手臂酸痛，去医院急诊，发现我心律不整（Atrial Fibrillation）。

刘绍铭要出一本现代中国文学读本，希望得到爱玲的许可由 Karen Kingsbury 译《封锁》，得不到她的回信，我只得为他们说情。Kingsbury 在她的书里，把《封锁》译成“Sealed off”。

爱玲：

七月上旬寄来的信，早已收到。知道你答应涉士女郎译你的小说，很高兴。七月底我就病了，而且住院之久，出院后也就无法写回信了。您一直说身体健好，但年轻时家里没有医药常识，到老还是吃亏。我的病乃atrial fibrillation，心脏valves给damaged了，pump blood力气不够，只好吃药稳心，regulate heartbeat；而且也有clots，要得吃thin out血的药，再加上肾低血压的毒，每天服药甚多。valves受损害，一定是幼年时得了Rheumatic fever。而Rheumatic fever乃因不当心（如伤风）不加医治所引起的。我也认命了，只好小心服侍自己的身体，不再让心脏受到损害。

本来已无mood写信，前两天收到刘绍铭来信，就不得不写了。刘又在编一部现代中国文学读本，他也要用golden cangue，除非你veto了。现在：拿到了「封锁」的译文，要把它放入读本里。「封锁」"Blockade"译者Karen Kingsbury是我的学生（比较文学系），两年前就开始写论文了，topic是你（或也迨你，看她论文去王德威David Wang的事了）。刘请她译了「封锁」，译好后，据刘信云，她要两次上函，请求你的同意，准她发表于

刘 & 葛浩文Howard Goldblatt合编的anthology表，你一直没有作覆，现在他去台中教书了，我也没有他的消息。刘来信请我问你一声，肯不肯给Kingsbury or Joseph S.M. Lau寄份签好的permission to include "Blockade" in the anthology。你如grant permission，可在回信里附张便条（不必太客气，当然英文有效）就好了，不要多浪费你的时间。一切拜托，谢谢。

《全集》已出全否？一共有几册？匆此，祝

健康

志清 一九九二、十一月十八日

H14

爱玲：

上信想已见到，希望你准许一篇《封锁》译文在刘绍铭编的书上发表。今年添了心脏病，希望朋友们都健康，especially you.

全集一共几册？念念。祝

新年如意

志清

一九九二年十二月十九日

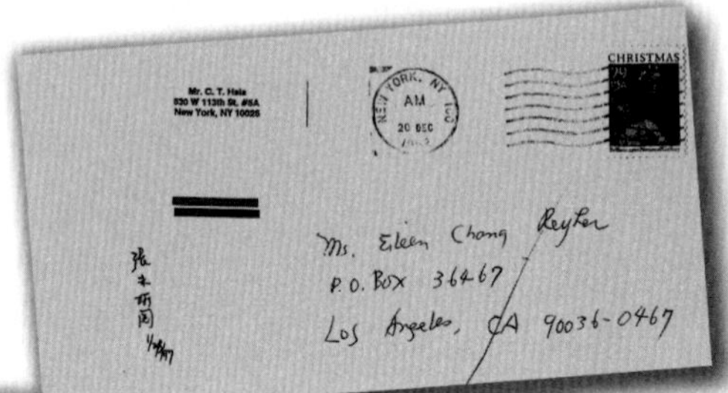

愛玲，

With all good wishes
for a very merry Christmas
and the happiest of new years!

上信想已見到，希望你進行一本"對照"譯文，在副刊[illegible]上發表。今年房子的[illegible]，

PX 640-1

Hallmark

希望朋友們都健康，especially you。今年一定[illegible]？念念。祝

新年如意

志清 12/19/92

117

志清：

我前一向又患感冒一个月，又恢复得越来越慢，收到信只拆开账单。等看到你的信才知道近来病过，心脏弱，我很 shaken。佩服你会撑，从来不像有宿疾带在身上。同时我不禁苦笑，终于有一个朋友尝到服侍自己的麻烦，不然我总是无法交代在忙些什么——各种医生派下的任务再加上我确实精力不济，做一点事要歇半天。为了出全集写的一篇长文迄未写完，收到 Kingsbury 小姐的信就想去仓库搜寻我自己译的《封锁》，也迄未去成，让她已经费事译了出来，实在负疚，现在另信去道歉，附条请转交绍铭。非常感谢你拦住他没用《金锁记》。不知道今年什么时候阴历年，但是相信你过年一定好。王洞、自珍都好？

爱玲

一月六日（一九九三）

志清，

我前一向又患感冒一个月，又恢復得越来越慢，收到信只拆閱賬单。等看到你的信才知道近来病过，心臟弱，我很shaken。佩服你會撐，從来不像有宿疾帶在身上。同时我不禁苦笑，終於有一个朋友"嚐到服侍自己的麻煩，不然我總是無法交代忙些什么——各种医生派下的任務再加上我確实精力不濟，做一点事要歇半天。为了出全集寫的一篇長文迄未寫完，收到Kingsbury小姐的信就想去倉庫搜尋我自己譯的「封鎖」，也迄未去成，讓她已經重新譯了出来，实在負疚，現在另信去道歉，附便請轉交給她。非常感謝你擱住他沒用「金鎖記」。不知道今年什么时候陰曆年，但是相信你过年一定好。王洞自珍都好？

愛玲 一月六日

〔一九九三〕

H15

爱玲：

一月六日信早已收到，知道你又患感冒一个月，不免有些 worry，我自己多服 vitamins、 minerals，多少维持了健康。我的心脏病来自幼年父母的 neglect，有了 Rheumatic fever 而未加治疗。我既有此 condition 晚年不应运动过度，这是我的疏忽。近来身体有进步，自感高兴。多少年来我只知有 heart murmur，不知 valves 已受到损伤，因之也没有“撑”过。

绍铭早有信寄你，想已看到。我的哥大 successor 王德威告诉我，Karen Kingsbury 收到你的信，大喜若狂。她在东海大学教英文，论文尚未写完。你未出全集写的长文大家等着要看，想已写完了，你不看台湾的《中华日报》，我也难得写篇文章讲英诗，所以把近作一篇寄上。当然没有人要我写这样一篇文章，我是不会去写的。祝

健康

志清

一九九三，二月二十四日

自珍二十一岁了！我们正在请求做她的 guardians。

【按语】

我一九八五年去台北参加《联合报》巡回文艺营活动，痖弦、丘彦明带我去拜见梁实秋，蒙梁先生赠我《中国文学史》三册，不记得是谁叫我写篇长文章捧梁先生，可惜我看了他的翻译，有些意见，就写了《妓女、士兵、穷小孩》登在《中华日报》上。

在美国，无行为能力的人，到了二十一岁算是成年，父母不一定是合法的监护人，所以我和王洞在自珍二十岁时得为她办理法律手续做她的监护人（guardians）。

H16

爱玲：

《皇冠》四十周年，我也被邀写了篇文章，二月号刊出。投稿之后，他们把杂志航邮寄我。不久前看了十一月号所载的《对照记》，今天看了十二月号，知道你家里的事情更多，也看到了更多您的照片，好高兴。为了有些照片，你写了很长的说明，表示你身体好，也让我感到高兴。

养病已一年多，我身体已好些。希望我们明年身体更好，有精神多写文章。

祝　新年大吉

志清

十二月十五日

【按语】

上段是写在贺年卡内祝词下面，接连在贺卡的背面。

爱玲的《对照记》从一九九三年十一月起在《皇冠》连载，我为庆贺《皇冠》四十周年的那篇文章是《琼瑶、平鑫涛与〈皇冠〉》登在第四八〇期。

118

志清：

一直这些时想给你写信没写，实在内疚得厉害。还是去年年前看到这张卡片，觉得它能代表我最喜欢的一切。想至少寄张贺年片给你，顺便解释一下我为什么这样莫名其妙，不乘目前此间出版界的中国女作家热，振作一下，倒反而关起门来连信都不看。倘是病废，倒又发表一些不相干的短文。事实是我 enslaved by my various ailments，都是不致命而要费时间精力在上面的，又精神不济，做点事歇半天。过去有一年多接连感冒卧病，荒废了这些日常功课，就都大坏。好了就只顾忙着补救，光是看牙齿就要不断地去两年多。迄今都还在紧急状态中，收到信只看账单与时限急迫的业务信。你的信与久未通音讯的炎樱的都没拆开收了起来。我犯了眼高手低的毛病，作品让别人译实在 painful。我个人的经验是太违心的事结果从来得不到任何好处。等看了你的信再详谈。信写到这里又搁下了，因为看医生刚暂告一段落，正乘机做点不能再耽搁的事，倒又感冒——又要重新来过！吃了补剂好久没发，但是任何药物一习惯了就渐渐失灵。无论如何这封信要寄出，不能再等了。你和王洞、自珍都好？有没旅行？我以前信上也许说过在超级市场看见洋芋色拉就想起是自珍唯一爱吃的。你只爱吃西瓜，都是你文内提起过的。

爱玲

五月二日（一九九四）

【按语】

这是爱玲给我的最后一封信，距她辞世一年又四个月，她去柏克莱后，就感冒不断，搬到洛杉机，又屡次搬家，看牙齿，非常劳累！身体越来越坏，连拆信的精神都没有，竟然写这样的长信给我，还附上一张精美卡片，记得我爱吃西瓜，自珍爱吃洋芋色拉，每信必问候王洞、自珍，不能不说她是个有心人。

H17

爱玲：

五月二日寄出的信和卡片，早已收到。多谢你特为我费神写了封两页的信。给你回信恐增加你的 burden，迟至十二月才给你封短的。近况想好，甚念，希望这些小毛小病不再打扰你的安宁了，《时报》给你一个终身奖，应向您祝贺，希望你自己也感到些安慰。我身体还好，但每天工作的时间实在不多。自珍（每月回来一次）已将二十二岁了，现住在学校附近的一个 adult home，仍由校方工作人员管理。不多写，祝

新年大吉

志清

一九九四年十二月七日

【按语】

这是写在圣诞卡无贺词空白的那一面，故由上而下，由右至左直书。

我自一九九二年，有了“心律不整”之疾，身体不如以前，工作效率减低，收到爱玲五月二日的信，没有实时作覆，迟至

十二月才给她寄了这张卡片拜节，并向她道贺得了《中国时报》“特别成就”奖，这迟来的荣誉对她该是一种安慰，在经济上也不无小补。

自珍成年后，跟四个女孩住，由安德生自闭症中心（Anderson Center for Autism）管理，每月回家一次，她不肯见人，也不许我们有访客，甚至不许接电话，像爱玲一样，把自己封闭起来。但她因无知，有父母的关爱，如爱玲所说“自珍将来极可能是幸福的”（见信一〇九）。

爱玲于一九二〇年生，比我大了几个月，辞世时只有七十五岁，一九九五年九月八日发现她的遗体时，已经因心脏衰竭，停止呼吸三四日了，一个人静静地躺在地上，看似凄凉，但她晚年多病，未尝不是一种解脱。

【代跋】

“信”的伦理学

王德威

《张爱玲给我的信件》搜集了张爱玲与夏志清先生的通信一百一十八封，另有夏先生的回信十六封半（见夏序说明）。张爱玲给夏先生目前现存最早的一封信是一九六三年五月九日，最后一封信是一九九四年五月二日，距离她逝世的时间（一九九五年九月八日）约一年零四个月。诚如夏先生所说，早期的通信因为搬迁之故，必定还有佚失；夏先生回复张爱玲的信也多半没有保存。但这三十一年之间所留存的信件已经足以成为文学史“张学”研究的重要材料。

一九六一年初夏志清先生出版《中国现代小说史》，不仅深入介绍张爱玲小说的成就，并肯定她的位置居于多数五四作家之上。当时海峡两岸的政治、文学斗争方兴未艾，夏先生对张的品题可谓出人意表，也足见他的洞识与勇气。以后的故事我们都耳熟能详：张爱玲从此进入现代中国文学史的经典，先在海外，然后在中国大陆成为炙手可热的作家。到了世纪之交，“张爱玲”甚至成为一种文化风尚、一种想象资源。

由这个观点来阅读张、夏两人的通信，才更让我们觉得弥足珍贵。张爱玲于二十世纪七〇年代以后逐渐断绝外界联络，与读者对她的热情与好奇形成巨大反差，也因此她所发表的作品每每带来文字以外的魅力。张过世之后，与她曾有来往者纷纷披露所持的信件，仿佛片言只字都散发出特殊荣宠。但比起夏先生所收到的上百封信件（或宋淇夫妇可能收到的信件），无疑都是小巫见大巫了。

就传统观念而言，夏先生对张爱玲有“知遇之恩”；没有夏的登高一呼，张爱玲神话不会有如此精彩的开始。张对夏的尊敬和信任，不难从她的信中看出。但张爱玲毕竟是张爱玲，她写信的姿态是矜持的，就算谈自己的作品和充满灾难的生活，也带有一种客观语调，并不轻易露出底线。在这一点上，她其实对所有的通信者一视同仁；任何想从张、夏通信中找出秘辛八卦的尝试可能并不容易。即便如此，细读这些信件，我们还是可以了解一九六三年以后张爱玲的行止，她的创作关怀，还有潜藏在字里行间的汩汩温情。

相比之下，夏先生给张爱玲的回信，还有他对张信所作的注解，让我们看到了一个全然不同的人格。夏先生的真性情多年来是学界传奇，他对于张爱玲的关怀溢于言表，也仍然不失赤子之心，如揣想张的体质羸弱来自童年生活的不幸，或建议张多做运动等。他更勇于发表自己生活的意见，从健康到养生，从文学到爱情，信笔写来，如话家常。我们可以想象张当年读夏信时或莞尔、或感动的反应。两人之间的互动让书信集有了光彩。

我以为夏张通信可以做进一步的解读。这些信件提供第一手资料，说明张爱玲在六〇年代以后创作事业的起伏。像是从一九六三年《金锁记》准备英译，到*Pink Tears*写作、出版不顺，辗转改为*The Rouge of the North*《北地胭脂》（《怨女》）的原委；《十八春》改写为《惘然记》（《半生缘》）；与港台出版者如平鑫涛的合作等过程，我们虽然已从其他材料知其然，现在根据张爱玲的信件更知其所以然。另外如七〇年代信中提及的自传创作，到了二〇〇九年《小团圆》出版，才算真相大白。早在一九六五年张已经对翻译《海上花列传》表示兴趣；此书成为她以后二十年最大的工程，遗憾的是身后才终于出版。六〇年代末后，张因为《怨女》而对《红楼梦》重生兴趣，并且一发不可收拾，写成《红楼梦魇》等作：

我本来不过是写《怨女》序提到红楼梦，因为兴趣关系，越写越长，喧宾夺主，结果只好光只写它，完全是个奢侈品，浪费无数的时间。

但这些翻译、考证的书写果真只是奢侈浪费？还是代表张爱玲晚期书写的一种方式，形成作家与早年创作的奇妙对话，颇有思考空间。

与此同时，张爱玲也与夏志清交换不少文学批评意见。她对自己的作品斟酌再三，似乎没有太大自信；胡适曾盛赞《秧歌》，她却认为未必是真心欣赏。她对女作家从五四的陈衡哲到七〇年代末崭露头角的蒋晓云显然都有话要说，却欲言又止；对以英文创作的同行像韩素音（Han Suyin）、张粲芳（Diana Chang）等东方采风录式风格则明白地不以为然。张期许自己的创作是，“对东方特别喜爱的人，他们所喜欢的往往正是我想拆穿的”。证诸她的英文作品，包括六〇年代初已经完成，但迟至近年才出版的*The Fall of the Pagoda*(《雷峰塔》)和*The Book of Change*(《易经》），的确可见她创造并同时拆解有关中国家族、爱情神话的用心；她也为此付出不受欢迎的代价。当然，张的批评不乏神来之笔。她热爱张恨水的“鸳蝴”小说，但“除了济安没听见人说好，此外只有毛泽东赞他的细节观察认真”。因为张恨水，张爱玲、毛泽东、夏济安有缘成为志同道合的“粉丝”，也算另类文学佳话。

其次，张爱玲的信件不断传布一则又一则“病的隐喻”。从六〇年代起，她就向夏志清诉说各种大小病痛。她感冒、牙痛症状恒常不断，而长期精神状况不佳更让夏忧心忡忡。七〇年代以后张的病变本加厉，类似精神官能症的症候出现。“接连跳蚤蟑螂蚂蚁，又不是住在非洲，实在可笑”。到了一九八四年以后，张将近三年未与夏志清联络，除了已有的病恙，甚至在路上被撞倒而受伤。以下的信最能道尽她病中滋味：

> 事实是我 enslaved by my various ailments，都是不致命而要费时间精力在上面的，又精神不济，做点事歇半天。过去有一年多接连感冒卧病，荒废了这些日常功课，就都大坏。好了就只顾忙着补救，光是看牙齿就需要不断地去两年多。迄今还在紧急状态中，收到信只看账单与时限急迫的业务信。你的信与久未通音讯的炎樱的都没拆开收了起来。

张爱玲描写这些年她成了疾病的奴隶，甚至感冒也经年不愈。但是对有心读者而言，张爱玲以如此工笔白描病况，不禁要联想除了诸多身体状况之外，张爱玲的“病”也及于其他？（想想她的话：“感冒原本是一种很伤感的病。”）一九五二年离开大陆以后，种种考验纷至沓来，漂泊异乡、写作事业不振、经济匮乏、赖雅卧病逝世……她的信中都一一透露，然而却都不能像她描写自己的病那样细腻入微。

病是灾难，也是隐喻。病是张爱玲后三十年的克星，但又仿佛是盘桓不去、欲拒还迎的客人；是一种啮蚀身心的恐惧，但是否也是驱之不去的欲望？病的症状有时是发烧牙疼；有时是蚂蚁跳蚤蟑螂；有时是“精神太坏”，“浪费无数的时间”，“paranoid”；有时是自己的作品都丢掉了；是每天都在“紧急状态”。

然而张爱玲的病根是否也可能来自文字、创作本身，可是“职业病”？看看张的自白：

> 我犯了眼高手低的毛病，作品让别人译实在painful。我个人的经验是太违心的事结果从来得不到任何好处。

看别人翻译自己的作品，实在痛苦。但自己“眼高手低”，总是写不出也翻不出自己想要的东西。人生到了如此紧急的状态，只能头痛医头，脚痛医脚；只能把不该有的累赘抛弃再抛弃，逃难一样地迁移转进，重新开始——或重新逃脱。尤有过之，“越是怕丢的东西越是要丢，损失不起，实在不能再搬了”，只好坚壁清野，和世界断绝来往。从这个角度来看，张爱玲的“病”与病“态”几乎有了身体艺术意味。就像卡夫卡、芥川龙之介、贝克特这些现代主义的作家一样，在人与虫的抗战里，在地狱裂变的边缘上，在白茫茫一片真干净的恐怖或欢喜中，张爱玲书写着。她以肉身、以病、以生命为代价，来试炼一种最清贞酷烈的美学。

更耐人寻味的是，我又以为张爱玲这些信件未尝不提供了一种救赎契机，哪怕多么微弱。原因无他，信是写来作为传递讯息、沟通人我的媒介物。尽管张爱玲的信有时写得过分言简意赅，犹如密码；或有时迟于回信以致时过境迁；或甚至不回信，以致让对方从盼望到失望。但“写信”作为一种行动毕竟不同于创作，它预设一个收信的——或更理想的，守信的——对象（甚至包括将自己作为对象）。信是一种人我社会接触，因此透露伦理向度。

而夏志清作为收信者，与“并不可靠的发信者”对话三十余年不辍，何尝不更是一个守信者？也因为信任，张爱玲的信时不时也有了真情流露。一九六五年志清先生的兄长夏济安教授猝逝，张的信中写道：

> 我很早听见令兄的噩耗，非常震动，那天匆匆一面，如在目前，也记得你们俩同飞纽约的话。在他这年纪，实在使我觉得人生一切无定，从来还没有这样切实的感到。

伤逝让张爱玲写下“近来我特别感到时间消逝之快，寒噝噝的”，夏先生读了竟谓之张腔十足。到了一九九一年，夏志清自哥伦比亚大学退休，张爱玲来信祝福，却是这样写的：“我在报上看到桃李篇，再圆满的结束也还是使人惆怅。”又是一句张腔！

相对于此，张也曾经向夏抱怨她对胡兰成《今生今世》的感受：“胡兰成书中讲我的部分缠夹得奇怪，他也不至于老到这样。不知从哪里来的 quote 我姑姑的话，幸而她看不到，不然要气死了。后来来过许多信，我要是回信势必‘出恶声’。”此时无声胜有声，一方面不屑对方死乞白赖，一方面也是徐图大举：张同时已经在酝酿《小团圆》了。

更让我们见识张爱玲温柔的一面的是她对志清先生一家的关怀。她的信中总是问候夏师母王洞以及女儿自珍。她写道：“照片上看得出你跟王洞像一对玉人一样经久。”自珍从小智慧不开，她又写道，像自珍这样在自己的世界中自得其乐，“极可能是幸福的”。回顾自己所来之路，张爱玲应是有感而发。一九九四年五月二日她给夏的最后一封信是这样结束的：

无论如何这封信要寄出，不能再等了。你和王洞、自珍都好？有没旅行？我以前信上也许说过在超级市场看见洋芋色拉就想起是自珍唯一爱吃的。你只爱吃西瓜，都是你文内提起过的。

“无论如何这封信要寄出，不能再等了。”比照五十年前张的名言，“时代是仓促的，已经在破坏中，还有更大的破坏要来”，这仿佛是接下去说的话。一九九四年的张爱玲“不能再等了”，她把“无论如何”要寄出的信，寄给了夏志清一家人。

认识夏先生的人看到张爱玲这封信应当会心一笑。两人不过数次见面，多半靠书信来往。但夏先生对生命的乐观执着，对每一天认真的生活，显然张爱玲已经默默体会到了。

因为与夏先生的通信，张爱玲晚期的书写有了意想不到的出口。“来日大难，口燥唇干，今日相乐，皆当喜欢。”现世的家常人生，洋芋色拉与西瓜，张爱玲从来无缘享受；但她把她的祝福与希望寄托给夏家一家人。不论她的世界是华丽还是苍凉，张夏之间的友谊有他们的通信为证，他们的通信也见证了“寒飕飕”的人间，毕竟还有互信的可能。这是我所谓“信”的伦理学了。